Organizadores
LEANDRO DE SOUSA ALMEIDA
RAFAEL BARROS DE SOUSA

Desacelere-se 2

poesias e reflexões para
ajudar a enfrentar os medos

AF850843

CLUBE DE
AUTORES

Copyright© 2022 by Leandro de Sousa Almeida / Rafael Barros de Sousa. Todos os direitos reservados e protegidos pela Lei 9.610 de 19/02/1998. Este livro, incluindo suas partes, é protegido por *copyright*© e só pode ser reproduzido levando em conta os direitos dos autores. Grafia atualizada respeitando o novo Acordo Ortográfico da Língua Portuguesa.

Revisão, Diagramação, Projeto Gráfico e Capa
Leandro de Sousa Almeida
Rafael Barros de Sousa
Publicação, Impressão e Venda
Clube de Autores
Imagens Ilustrativas
www.canva.com

Dados Internacionais de Catalogação na Publicação (CIP)
(Câmara Brasileira do Livro, SP, Brasil)

Desacelere-se 2 : poesias e reflexões para ajudar a enfrentar os medos / Organizadores: Leandro de Sousa Almeida , Rafael Barros de Sousa. -- Clube de Autores, Joinville SC, 2022.

Vários autores.
ISBN 978-65-00-54068-0

1. Ansiedade 2. Autoconhecimento 3. Medo 4. Poesia brasileira I. Almeida, Leandro de Sousa. II. Sousa, Rafael Barros de. III. Série.

22-130698 CDD-B869.108

Índices para catálogo sistemático:

1. Poesia : Antologia : Literatura brasileira B869.108

Eliete Marques da Silva - Bibliotecária - CRB-8/9380

Sumário

Para todas as pessoas que querem ajuda para enfrentar e superar seus medos

Apresentação

Leandro Almeida / Rafael Barros

Maria *Será o raio tão quente*
que meu rosto vai tostar?
A palha do meu vestido
fogo não irá pegar?

Sol *Tem confiança, menina,*
que tudo vou arrumar!
Respire bem, feche os olhos...
e logo vai deslizar!

Lourdes Ramalho, 2008

"Desacelere-se" é um projeto independente cujo objetivo é promover empreendedorismo social, cultural e artístico com o protagonismo de uma comunidade de Leiautores de múltiplos gêneros, com enfoque em textos poéticos e ensaísticos que tratam dos desafios da vida nas mais diversas áreas, principalmente no tocante à saúde emocional. As obras, portanto, têm um caráter terapêutico que ajuda os leitores no seu processo de reflexão, autoconhecimento e tomada de decisão diante dos enfrentamentos que a vida nos reserva.

Depois do brilharete da coletânea *Desacelere-se: poesias e reflexões para ajudar pessoas ansiosas* (2021), produzida a fim de compartilhar uma mensagem leniente e relaxada para a vida dos ansiosos, este segundo volume se propõe a compartilhar uma mensagem encorajadora e libertadora para as pessoas que sofrem aprisionadas pelos medos. Sabemos que esses são dias tenebrosos em que sentimos medo, preocupação, fobia e pânico diante da realidade desses tempos pós-pandêmicos. Cremos que a leitura deste livro poderá ajudá-los no processo de enfrentamento e superação dos seus temores. Todos nós somos acometidos por este sentimento perturbador em diversos momentos da vida. Há duas escolhas, portanto: enfrentá-lo ou se deixar paralisar. Coragem não significa ausência de medo, pois corajoso é aquele que, mesmo com medo, realiza seus propósitos. Esse sentimento assombra a humanidade e, por isso, é preciso catalisar as forças para enfrentá-lo e superá-lo.

O segundo volume compõe-se de 15 poesias e 15 reflexões que podem munir os leitores com numerosas estratégias de enfrentamento, controle e superação do medo com base em experiências dos autores. Além disso, a coletânea conta com o *Prefácio* escrito pela Professora Dra. Valéria Andrade e o *Posfácio* escrito pelo Psicólogo Me. Everton William de Lima Silva, os quais são colaboradores do projeto.

Desejamos, pois, que os leitores desse livro possam exercitar a coragem para viver além dos medos a fim de serem verdadeiramente livres. Cremos que é preciso tomar a decisão de sermos corajosos todos os dias de nossas vidas, independente dos vários enfrentamentos, inclusive na área da saúde mental e emocional. Tento tomado essa decisão, é necessário nos empenhar em cumprir com esse propósito. Quando, então, o medo vier, teremos consciência de que ele é um produto da nossa imaginação, um alerta de segurança, um pensamento ou sentimento que pode ser controlado. Acreditamos, de maneira espirituosa, que não habita dentro de nós um espírito de medo, senão um espírito constituído de amor, poder e autocontrole necessário à jornada de vida de alguém que se recusa a viver regido pelos temores, razão pela qual este livro nos ajuda a olhar o caminho para frente e seguir com a paz no coração.

Prefácio

Valéria Andrade

Mia Couto, escritor moçambicano laureado em 2013 com o Prêmio Camões, considerado o mais importante da língua portuguesa, num de seus textos divulgados na Internet, intitulado *Murar o medo*, conta que:

> No Moçambique colonial em que nasci e cresci, a narrativa do medo tinha um invejável casting internacional. Os chineses que comiam crianças, os chamados terroristas que lutavam pela independência e um ateu barbudo com um nome alemão. Esses fantasmas tiveram o fim de todos os fantasmas: morreram quando morreu o medo (COUTO, 2015).

Acerca desta e outras narrativas do medo, Mia Couto tem se pronunciado também em sua produção romanesca, a exemplo de *A confissão da leoa* (2016), em que formaliza esteticamente a resistência a grandes narrativas amedrontadoras, fundadas na violência, no desrespeito e na violação à vida como frutos das relações sociais de dominação. Além disso, em eventos diversos, como lançamentos de livros e palestras, o poeta se expressa em relação a esta temática. Uma destas oportunidades aconteceu em 2014, ao proferir a Aula Magna de abertura do ano letivo na Universidade Federal do Rio Grande do Sul. Em sua fala, a que chamou de *Guardar memórias, contar histórias e semear o futuro*, o escritor remete às pequenas histórias como espaços de enfrentamento às narrativas do medo, nascidos a partir do exercício autoral destes escritos em sua potência utópica de mudanças para a criação de um "mundo em estado de infância":

> [...] as pequenas histórias podem ser um ponto de partida contra esta grande narrativa que é a narrativa do medo [...] não podemos permitir que nos roubem a autoria da nossa própria história de vida. [...]. A gente pensa que contar histórias é uma competência dos escritores, mas não é. Todos nós somos produtores e produtos de pequenas histórias. Essas histórias devolvem-nos o encantamento da infância, afastam o medo e reiniciam o mundo. E mais do que reiniciar o mundo, elas fazem criar um mundo em estado de infância, quer dizer, um mundo que está

ainda nascendo e, por isso, o próprio passado pode estar nascendo mais que tudo (COUTO, 2014).

Em acordo com o dizer do poeta, como já me expressei em outra ocasião (ANDRADE, 2021), embora acredite "no poder das histórias", tenho clareza de que "elas não salvam o mundo, mas podem incutir o desejo da utopia e do mundo em mudança" (COUTO, 2014). Mundo mutante, transformável, que, sendo texto, constrói-se, como as narrativas, pelas ações de sujeitos capazes de indagar o sentido de suas existências e de agir para dar-lhes qualidade superior. Mundo, portanto, histórico, feito de histórias imaginadas pela vontade de transmutar o caos em cosmos, a desordem em nova ordem.

Ora, o volume que aqui se edita institui-se, material e simbolicamente, de forma iniludível, já desde seu título, *Desacelere-se – poesias e reflexões para ajudar a enfrentar os medos*, como plataforma de embarque para um "mundo em estado de infância" similar ao aludido por Mia Couto em sua palestra. Criado a partir de pequenas histórias de si de uma comunidade autora interessada em "reiniciar o mundo", *Desacelere-se*, em seu segundo volume, sugere caminhos por onde seu público leitor possa "exercitar a coragem para viver além dos medos a fim de serem verdadeiramente livres", emprestando aqui palavras dos organizadores da coletânea, Leandro Almeida e Rafael Barros, idealizadores deste projeto em boa hora vindo à vida.

Desengane-se quem acredita que escrever é um ato solitário e que seria a leitura a ponte a permitir uma comunicação entre duas pessoas. Tal e qual o ato de ler, o ato da escrita é sempre um convite para a partilha, em particular no caso das.os autoras.es que aqui se juntaram para, ao modo de nossos ancestrais reunidos à volta da fogueira à noite, contar histórias, de si e também de outros, como estratégia de sobrevivência destinada a ressignificar as grandes narrativas do medo. Contar estas histórias para ressignificarem a si próprios como quem se responsabiliza pela autoria de suas próprias vidas.

Contar histórias de medos e dos movimentos feitos para vencê-los buscando a autoria como produtores e produtos de textos a serem publicados/partilhados é buscar autonomia, é estar no mundo como sujeito, como pessoa cidadã de direitos e deveres. Alberto Manguel, em seu livro *Notas para uma definição do leitor ideal* (2020), nos diz que ser leitor é uma forma de assumir responsabilidade enquanto ser humano. Eu, de minha parte, dialogo com esta ideia pensando na responsabilidade também do ato de escrever e, em particular, no ofício da escrita literária.

Neste sentido, temos todas.os o direito e o dever à literatura, seja como leitoras.es, seja como escritoras.es, inspirando-me aqui, ainda, em Antonio Candido, com seu famoso artigo "O direito à literatura" (CANDIDO, 2004) como também em José Saramago, com seu não menos célebre discurso na cerimônia de atribuição do Prêmio Nobel de Literatura, em 1998, quando afirmou: "Tomemos então, nós, cidadãos comuns, a palavra e a iniciativa. Com a mesma veemência e a mesma força com que reivindicarmos os nossos direitos, reivindiquemos também o dever dos nossos deveres. Talvez o mundo possa começar a tornar-se um pouco melhor."[1]

Desta perspectiva, expandindo aqui minha compreensão de que ler, para além de ser um ato de responsabilidade, é igualmente um ato de amor, compreendo que escrever é também um ato de amor, até em razão da própria relação visceral e recíproca existente entre o ato de ler e o de escrever, a partir da qual a leitura é entendida como ato dúplice de ler-escrever. E, portanto, a busca pela autoria aqui empreendida por uma comunidade autora como a que neste volume se apresenta é, mais do que cumprir o direito e o dever à literatura, um ato de amor – amor individual, coletivo, colaborativo, interativo e, claro está, criativo. Em outras palavras, a busca pela autoria pode ser um caminho frutuoso para afastar o medo, inclusive o próprio medo, que é de todas.os nós, de nos assumirmos autoras.es, seja de nossas vidas, seja de nossas escritas literárias, ficcionais, não

---

[1] O fragmento está em epígrafe à *Carta Universal dos Deveres e Obrigações dos Seres Humanos*, elaborada a partir desta fala do autor. Disponível em: https://bit.ly/3BhN28l. Acesso: 27.abr.2019.

ficcionais, acadêmicas etc. Nossa busca pela autoria é um caminho para a cidadania.

Como colaboradora do projeto e interlocutora dos organizadores Leandro Almeida e Rafael Barros, desejo vida longa e criativa à comunidade leiautora *Desacelere-se*. Com especiais felicitações pela produção deste segundo volume, toda minha gratidão pela oportunidade do diálogo.

Boas leituras!!

Referências

ANDRADE, Valéria. 2021. Inês&Nós: ler e dizer o amor de Pedro e Inês no século XXI em salas de aula de Portugal e do Brasil. Relatório final de pesquisa de pós-doutoramento (2018-2019) - 2019. Porto: Biblioteca Digital da Faculdade de Letras/Universidade do Porto. Disponível em: https://bit.ly/3tCYiZW. Acesso: 12.jun.2021.

CANDIDO, Antonio. 2004. O direito à literatura. In: _. Vários escritos. 4ª ed. reorg. pelo autor. Rio de Janeiro: Ouro sobre Azul; São Paulo: Duas Cidades. pp. 169-191.

COUTO, Mia. 2014. Guardar memórias, contar histórias e semear o futuro. Aula Magna proferida na Universidade Federal do Rio Grande do Sul. Disponível em: https://bit.ly/3BGOi5s. Acesso: 12.mai.2018.

COUTO, Mia. 2015. Murar o medo. Disponível em: https://bit.ly/3S4RPRI. Acesso: 31.mar.2020.

MANGUEL, Alberto. 2020. Notas para uma definição do leitor ideal. São Paulo: Edições Sesc São Paulo.

Poesias

Oceanos
Ana Nóbrega

Hospitalidade ativa

Alisson Clauber

Que a gente possa ser mais casas
Construir pontes, estradas e elos
Contemplar pores do sol amarelos
Envolto em braços que parecem asas
Vendo sorrisos quentes como brasas
Sonhando acordado plena felicidade
Nu'vens passando com intensidade
DesAcelera as batidas do coração
A tantos toques meu corpo e tua mão
Grato ao uniVerso pela Hospitalidade

Cada letra, palavra, escrita professada
Torne-se remédio pras dores da alma
Em voz serena, receba toda a calma
Que sua pele tenha a cicatriz sarada
És Ser com luz de áurea endossada
Espalhe ao mundo toda afetividade
Derrame em verso essa hospitalidade
Jamais se esqueça da sua essência
Em cada ato preze sua consciência
Honre seu tempo, seja a simplicidade

O encorajamento de Deus

Artur Alan Melo

O medo te domina
Te impede de prosseguir
Já não quer mais avançar
Só pensa em desistir
Não sabe o que fazer
O mal quer te ferir
Mas Deus quer te curar
Ouça sua voz falar:
Não temas, sou contigo
Porque vou te livrar
Do laço e da peste
E de quem quer que seja

Esse vale que está
Te leva ao caminho
Que te deixa mais forte
E corajoso, filho
Esses medos cessarão
Pois tens o Espírito
De fé e ousadia
Basta andar comigo

E ficar firme em mim
Porque sou teu amigo
Sei que vai conseguir
Vencer o inimigo

Na caverna que está
Deus vai te tirar
Ele já te chamou
Então chega de temor
Vista a armadura
Prepare-se pra luta
Que Cristo já venceu
O diabo perdeu
O Pai fará você
Ver a obra ocorrer
Para no reino viver
É só lhe obedecer

O medo é mentiroso

Caio Maxsuel

Eu tenho medo
Do frio e do escuro
Tenho medo da saudade
Do pensamento obscuro

É verdade, tenho medo
Do amor custoso e caro
Do estampido da arma
Do desastroso disparo

Sim, eu tenho pavor
Do amor que logo acaba
Da partida inesperada
Do castelo de sonhos que desaba

Porém, minha gente
O medo é fantasioso
É algo que criamos
O medo é mentiroso

O medo tenta nos tirar de cena
Mas, insisto em dizer

Pois quem deseja vencer
O medo não é problema

O que é maior?

Cloves Ferreira

Maior que a solidão
É o medo que apavora?
É a dor mais sentida
Ou é o "Não" de agora?

Maior que a ilusão
É o medo de amar?
De entregar seu coração
A alguém para cuidar?

Maior que a despedida
São as incontáveis recaídas
E também as declarações?
Ou talvez, seja a partida
A dor mais sentida
Que causa decepções?

Para tudo nesta vida
Precisa-se de amor
Ele é maior que tudo
Até mesmo que a dor

O amor, ele restaura
Até engrandece a alma
E só ele é a solução
Ele é MAIOR que tudo
É o antídoto do mundo
Que causa revolução

O medo

Diana Oliveira

O medo é um sentimento nato
Sendo assim, sempre existirá
Ele sempre nos assusta
Querendo nos barrar
Pois ele deseja nos ver
Parados, sem caminhar

Por vezes soberano
Mexe com o nosso imaginar
Nos fazendo desistir
Sem ao menos tentar
Mas o medo só tem poder
Se a gente autorizar

Assim, sejamos sábios
Não tenhamos tanto medo
Pois ele é essencial
E faz parte do enredo
É que na estrada da vida
Enfrentá-lo é o segredo

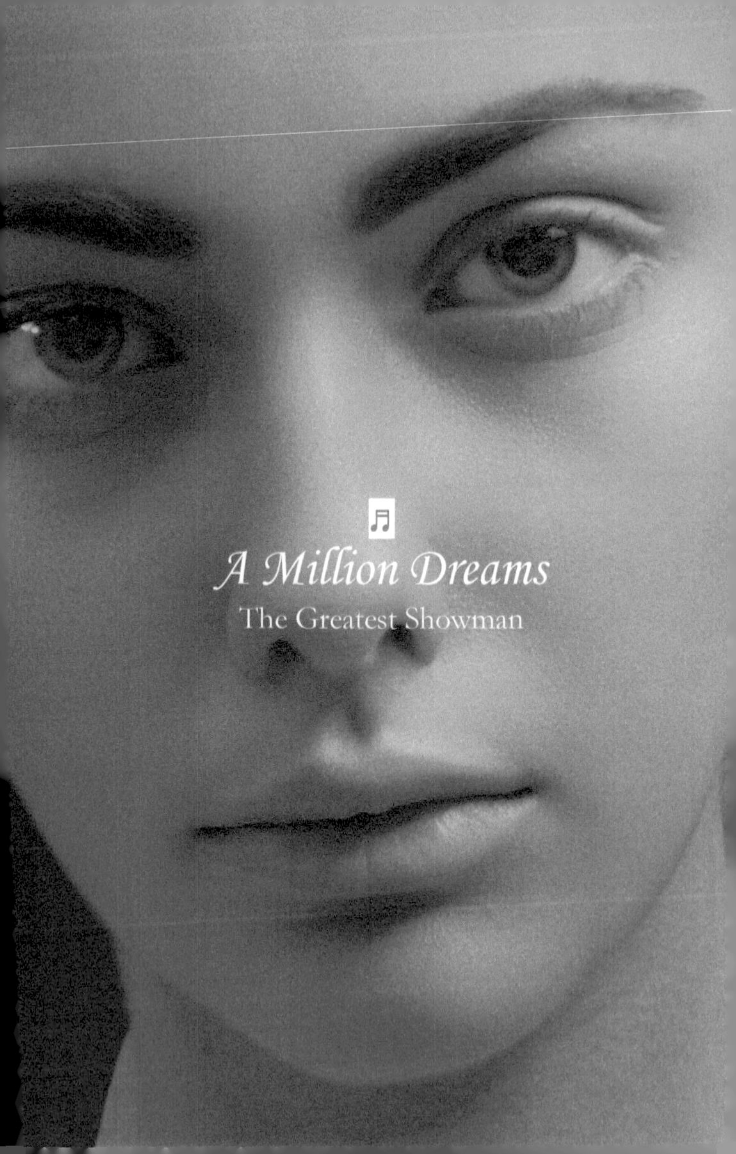

A Million Dreams

The Greatest Showman

Segredos para vencer o medo

Fábio Rangel

Como vai teu coração?
Angustiado? Triste? Com medo?
Às vezes é bom ficar sozinho
Refletir, pensar no que pode ser feito

Sei que nessas horas não há um antidoto
Um remédio que tome e logo passe a dor,
sabe?
Às vezes o melhor é parar um pouco
E descobrir uma maneira de afastar essa
tempestade

Você pensa: o que fiz pra merecer isso?
Por que tudo acontece de errado comigo?
No entanto, será que tudo de ruim na vida só
acontece contigo?
Ou existem muitos outros sofrendo bem mais
que você, amigo?

Veja, o medo é algo psicológico dentro da
gente

Quando não o encaramos, não conseguimos vencê-lo
Ao ponto de ficarmos refém, sabia?
Sendo controlados e, às vezes, sem saída pra combatê-lo

É isso que acontece quando não se encara o medo
Ele passa a nos comandar ao ponto do desespero
Não tenha medo do medo, combata de frente essa dor
E você vencerá o que há tanto tempo te dominou

Sabe quem é o inimigo do medo?A experiencia
É necessário passar pelo medo e não olhar pra trás
Para que se crie dentro de você uma certa resistência
E com o tempo aquilo que te aflige, não te afligirá mais

Outro segredo para encarar e vencer o medo

É ter um amigo verdadeiro do seu lado pra desabafar
Alguém que possa lhe passar segurança e afeto
Que lhe entenda e sem preconceitos quando te ajudar

Para mim, esse verdadeiro amigo é Jesus
O único que sente sua dor e conhece sua realidade
O único que sabe plenamente o significado do medo
Pois levou sobre si nossas dores e enfermidades

Naquela cruz ele disse: Pai, por que me desamparasse?
Também disse: Pai, se possível afasta de mim esse cálice
Mesmo sendo Deus e também humano, sua alma teve medo e tristeza
Por fim, o segredo para vencer o medo é ter na vida o amigo chamado Jesus, não esqueça!

Eu ou Nós?

Giovanna Leite

Eu tenho medo das palavras sem ação
Carregadas de indiferença e ausência
Eu tenho medo do amor sem compaixão
Quando nele falta a resiliência

Eu tenho medo da solidão a dois
Daquela que se ama sem reciprocidade
Onde as palavras se esvaziam
A meiguice e a alegria se tornam vaidade

Eu tenho medo de quem ama em palavras
Pode ser muito perigoso, enganoso e vil
Medo de me doar mais uma vez
Pois voltarei a me perder no vazio

Eu tenho medo de me tornar atroz
E mesmo assim continuar te esperando
Eu tenho medo de acreditar em Nós
Quando apenas Eu estou amando

Leve

João Wagner dos Santos Gonçalves

Tenho meus receios engavetados nesse meu coração sonhador
Fui me retraindo aos poucos, pensando nesse futuro assustador
Pois estou vivendo uma daquelas fases de completo desespero
Mas, olhando para as estrelas, eu sinto que alguém compreende meu medo

Eu me tornei um garoto aconchegado por uma jaqueta de couro
Perdido nos arredores da cidade, onde eu penso nos tempos de ouro
Mas, agora eu tenho uma convicção: essa era não será nem um pouco fácil
Tenho esse jeito forte, porém no fundo existe um menino frágil

Até que eu tenho alguns planos escritos em papéis imaginários
Que, de vez em quando, eu rasgo e refaço todos os seus pedaços

Aparentemente vou sozinho
Mas nunca perdendo a fé naquele que sempre me guiou nos trilhos
Mesmo sentindo a ingratidão tão perto, de quem hoje eu convivo

Eu só preciso traçar propósitos antes que meu tempo financeiro se esgote
Antes mesmo que o medo me sabote, pois tão angustiado me vi ressurgir
Chorando no escuro, meu coração parecia querer fugir do meu corpo
Todas as minhas ideias literárias estavam cada vez mais em esboços

Você foi capturado como eu, do mesmo sangue nas veias
Mas fugiu logo para outras telhas
Eu poderia até fazer o mesmo, mas: será que minha sorte também seria pioneira?

Então eu fiquei tão bêbado que tudo ao meu redor poderia se foder
Esse novo eu dentro de mim está cada vez mais difícil de esconder

Eu venho tentando destruir essa corrente presa em minhas pernas bandoleiras
Onde reluz todas as noites em meus sonhos e nas minhas ideias aventureiras

Calço minhas botas pensando que tudo poderia ser mais calmo
Desde quando minha gratidão fez eu me sentir tão culpado?
Vou ter que colocar esses planos em minha realidade
Já que toda minha bondade foi tratada com tanta crueldade
Aparentemente estou sozinho, mas eu sei que vou sempre estar contigo nesse caminho
Você sempre vai estar comigo

Então, sinto você segurar minhas mãos quando me pede para respirar fundo
E todos os meus tremores desaparecem em segundos
E eu que nunca pensei que enfrentaria os meus maiores medos
Com você tudo que é difícil, fica mais leve e eu nem percebo

Viver o que não foi vivido

José Jonnat Barboza Guimarães

Choramos por dentro e por fora
Pelo medo de que o amanhã
Não se torne algo para agora
Esquecendo de viver o hoje
Que em rápidos segundos
Se vai e torna-se outrora

A gente reprova, é demitido
Ficando decepcionado
Às vezes, não correspondido
Passa a noite em claro
Pensando no melhor
Que poderia ter sido

Nos dopando de comprimidos
Muitas vezes anestesiando
Uma dor deveras necessária
Pra fortalecer o ser ferido
Putz, lembrei, mas hoje
Nem o mertiolate é mais ardido

Então, temos que levantar
E todos os dias lembrar
Que a cada dia amanhecido
Há uma chance de se redimir
De recomeçar, de se erguer
De sarar e ser reconstruído

Há sempre a chance de amar
De voltar a florescer
De ser correspondido
O medo é pra enfrentar
É hora de respirar e inspirar
Viver o que não foi vivido!

Ultrapasse

Josivan Azevedo Batista

As barreiras no caminho
Ultrapasse com alegria
Encare o dia a dia
Saiba, nunca estais sozinho
Jesus nos deu seu carinho
Venceu o medo e a dor
Deixe fluir o amor
Encare a vida com firmeza
Sinta mais a natureza
Contemple o seu fulgor

Todos nós naturalmente
Temos medo, isso é normal
Que nos livra de algum mal
Que possa atingir a gente
Controlado em nossa mente
É de grande serventia
Agora se algum dia
Esse medo extrapolar
Procure o controlar
Pra não se tornar fobia

Hoje o vento soprou devagarinho
Como quem me dizia: aproveite
Faça o bem, ame mais, não se deite
Sem rezar nem que seja um pouquinho
Agradeça a Deus todo carinho
Se pedir, tenha fé e confiança
Nunca perca a coragem e a esperança
Pois nasceste pra ser um vencedor
Respire e sinta a fragrância do amor
E nunca perca sua alma de criança

Não mais escravos

Nívea Soares

Mudança

Leandro de Sousa Almeida

Quando o medo chegar
Continuar, insistir
Pra fazer o que devo
Com o que sinto, assim
Vou continuar, vida
Tudo depende de mim

O medo vem me tentar
Me confundir pra não ver
Que eu já posso chegar
Ir pra onde eu preciso
Minha meta a alcançar
Consigo e sei disso

Pode ele estar aqui
A não me querer feliz
Se o medo é me mudar
Bom mesmo, sei, é voar
Encarar o perigo
A vontade de brilhar

Mudança amedronta

Mas é preciso fazer
Alcançar o meu sonho
Projetos desenvolver
A coragem surgirá
Quando o medo eu deter

Um dia tudo isso
Será uma lembrança
Algo pra fortalecer
Pra trazer esperança
A mim e para todos
Que não tem confiança

O medo superado
Catalisa as forças
Cria-se nova versão
Pra enfrentar as coisas
Que podem vir a surgir
Mais difíceis que outras

Eu já quero ser grato
A Deus por me ajudar
A controlar o medo
E mandá-lo para lá
Só preciso de mais fé
Esperar o que será

Medos de criança

Lorielson da Mota Alves

Eu fui menino assombrado
Das quebradas do sertão
No meu tempo de menino
Temia assombração
De um pé de umbuzeiro
Que pai tinha no oitão

Tremia sentindo medo
De uma vaca malhada
Que quando tava parida
Ô bicha brava danada
Dava carreira em menino
Que a pernas ficavam envergada

Tive medo de caipora
Quando ia caçar passarinho
Quando ela assobiava
Que eu me achava sozinho
Jogava a baladeira fora
De casa pegava o caminho

Eu fui muito assombrado
Nas estradas do sertão
Temia e tinha medo
Do bando de Lampião
Que vô contava as histórias
Dos castigos e das lição

Eu fui menino traquino
Aprontei até o que não devia
Mas sempre que eu tive medo
Das pisa que mãe prometia
Só de pensar no castigo
Me dava uma agonia

Desafie o medo

Maria Aldilânia de Moura

O medo é um sentimento
Latente no coração
Não é arma de saudade
Onde escuta o estampido
Pode não ser animal perigoso
Mas é muito parecido

Medo só é ruim
Quando é exagerado
Sendo pouco, fique tranquilo
Sendo muito, fique preocupado
E, dependendo, um especialista
Deve ser procurado

O medo excessivo vira fobia
Um tratamento eficaz é a terapia
Caso não resolva a situação
Pulamos pra técnica de exposição
Aquele que tem aerofobia
É complicada a situação

Viaja em qualquer transporte
Só não consegue de avião
A fobia pode trazer
Muitos constrangimentos
Complicar sua vida
Pra deixar lamentos

Afetar seus relacionamentos
Por isso, não se deixe demorar
Vá a procura de um especialista
Para ele poder ajudar
Esse medo certamente
Se pode superar

Nossos medos vão muito além
Das profundezas do intelecto
Das noites de maus pensamentos
Ter medo é normal
Faz mal ser displicente
Com o próprio sentimento

A vida não é só alegria
Passamos por dores
Tristeza e desamor
O que devemos fazer?

Aproveitar cada dia
E lutar contra o pavor

Não ceifar a beleza da vida
Tentar sem desmantelo
Abrandar o coração
Ouvir uma música
Fazer uma oração
Ler o livro sagrado e vivê-lo

Ser desafiador
Pra superar logo cedo
Realizar desafios
Para viver novos enredos
Uma nova vida começará
Quando superar os medos

A liberdade contra o medo

Matheus N. Andrade / Rayanne S. da Silva

O medo assola a mente frágil
Seria possível sonhar com medo?
Acredito que sim
Mas, necessita ser ágil

Medo é algo singular
E também é plural
Enfrentamos vários tipos na vida
Contra os quais devemos lutar

Precisamos ter perseverança
Somar esforços para encarar
Levantar a cabeça
Sempre há esperança

Você pode ter paz
Liberte-se dos temores
Da prisão dos pensamentos
Seja voraz

Sem medo de ser

Nelly Andrade

Eu sou sol
Radiante
Que às vezes prefere
Se esconder no silêncio
Dos dias nublados

Sou colo
Sou carinho
Abraço apertado
Sou o que precisam
Não o que querem

Eu sou?
Sou livro
Sou poesia
Sou choro e alegria
Mas, principalmente
Sou páginas em branco
Quem tem a mim como escritor
Da minha história?

Então, eu sou
Sou livre!
Não sou o que querem
Sou o que eu quiser
Sou o que eu preciso ser
Sem medo
Sou eu!

Reflexões

Unstoppable

Sia

Incansável

Anabel Ferreira de Souza

Ter medo é algo bem complexo, mas é super necessário sabermos que a vida não é tão fácil assim. Nada nem ninguem pode impedir de fazermos algo que gostamos, a não ser nós mesmos. Não tem nada melhor do que provar que, apesar de tudo, conseguimos encarar grandes medos imaginários.

Às vezes criamos receios de várias coisas e, com isso, o pensamento de que não somos capazes começa a aparecer e perturbar nossas mentes. Assim, devemos pensar em ser o melhor que pudermos e fazermos o melhor que podemos, pois assim o resultado vem na mesma proporção do esforço. Não há nada mais gratificante do que ver e sentir-se realizada diante dos enfretamentos aos males do medo.

É preciso ser incansável na luta contra o medo, pois ele não se cansa, estará sempre nos perseguindo. Se formos incansáveis, estaremos à frente dele e dispostos a enfrentá-lo sempre que vier nos atormentar.

O medo é algo totalmente ameaçador e incomoda a todos nós. Inclusive, tem algo que mexe comigo desde pequena, porquanto na minha casa havia desunião entre meus pais e, cada vez que eles discutiam, aquilo mexia demais comigo, o que me acarretou em um trauma que é difícil de explicar. Antes eu sofria bastante. Não vou negar que hoje também, mas acredito que consigo falar um pouco sobre isso, o que antes não conseguia.

Essa desunião entre eles mexeu tanto comigo que, por mais que ame meu pai, tenho uma reixa apenas por ter visto minha mãe chorar na minha frente várias e várias vezes. Hoje em dia não tenho aquele diálogo que um pai e uma filha deveriam ter. Isso dói em mim, e meu medo é que isso continue e não mude, pois mexe muito com meu pensamento. Fico com medo de ser como eles nos meus relacionamentos amorosos.

É difícil quando o medo nasce na própria casa, protagonizado por pessoas que deveriam ser o porto seguro. Essa realidade causa uma insegurança grande, um trauma que a pessoa leva pra vida toda. Só quem viveu sabe o quanto é pesado conviver onde há desunião.

Reafirmo que é preciso ser incansável na luta contra o medo, a fim de saber conviver com ele, aprender a controlar ou mesmo superar usando todas as nossas forças incansavelmente.

Tentar?

Carlos Eduardo Nascimento

Quantas vezes deixei de vestir uma roupa com medo do que iriam pensar? Quantas vezes me silenciei com medo de que não soubessem me interpretar? Quantas vezes me ergui sem ninguém para me apoiar?

Essas e outras perguntas que me fiz podem representar a quem muitas vezes deixou de ser quem é por medo de errar. Quando alguém alcança determinados acertos, é sinal de que se colocou diante das possibilidades de se enganar. Já diz o ditado: "errar é humano". Então, por que só eu não posso errar? Falhamos feio a partir do momento que optamos por não tentar, seja por insegurança, por medo ou outros motivos pautados em instabilidade nos ideais. O que valeria mais:

- Não começar ou apenas não tentar?
- Se arrepender por ter feito ou se arrepender por não ter tentado?

Não podemos deixar que o medo nos tome conta, porquanto temos que ser fortes e encará-lo em qualquer situação. Se você acredita que tem que ser hoje, tente fazer hoje. Se alguém disse que não era a hora, tente também, porque quem sabe a hora certa é você. Se alguém disser que você não é capaz, tente e mostre a diferença. O medo e a insegurança fazem com que o seu potencial não seja mostrado.

Você pode se perguntar: desde quando eu tenho potencial? Desde o momento em que muitos lhe jugaram e você conseguiu; desde o momento que muitos disseram que você não era capaz, mas você provou o contrário. Se permita tentar, se permita errar, se permita viver.

Eu tenho certeza que você é capaz, lhe mostre isso, você merece viver o que deseja viver. Erre quantas vezes for necessário e, se der vontade de chorar, chore. Depois que chorar, tome água e continue a lutar, desde que não pare, o importante é sempre recomeçar e nunca parar de tentar.

O medo não pode nos impedir de prosseguir

Daiana Leite Rodrigues

O medo é um dos sentimentos mais primitivos que existem. Ele, muitas vezes, nos ajuda a ficar longe de situações perigosas. Por exemplo, na infância nossas mães usaram a estratégia do medo para nos afastar de situações que poderiam colocar nossas vidas em risco.

Elas nos disseram para não colar o dedo na tomada, não brincar com objetos afiados, não falar com estranhos, não ficar perto da piscina sozinhos se não souber nadar etc. Essas advertências nos amedrontaram e podemos dizer que esses foram alguns medos necessários em nossas vidas.

Porém, há momentos em que o medo passa a ser prejudicial. Cada pessoa sente medos diversos, sendo que um dos mais comuns se baseia nas incertezas do amanhã. Este temor específico nos impede de seguir em frente e de corrermos atrás dos nossos sonhos. Por isso, reflita comigo:

Quantas vezes você deixou de fazer algo por não ter a certeza sobre como seria no decorrer da caminhada? Quantas vezes ficou se perguntando se algo daria certo ou não? Provavelmente, várias vezes você já chegou a se questionar: se eu não conseguir? Se eu não for capaz?

É nessa hora que o medo entra em ação e tenta nos paralisar e nos impedir a ponto de querer fugir. Usar a fé é sobre nos aventurar em novos desafios e enfrentar o desconhecido que, às vezes, nos assusta. Porém, no final sempre tem algo belo e surpreendente nos esperando.

Precisamos dar um basta nesse medo e dizemos pra nós mesmos que, apesar de não sabermos o resultado final dos desafios, é necessário seguir em frente, porque só assim poderemos descobrir o que está no fim da jornada e, enfim, sermos vencedores.

Acredito que não se pode vencer uma batalha ou até mesmo a guerra se ficamos parados ao longo da vida. Naturalmente, vão surgir dificuldades e desafios assustadores em que poderemos pensar que não vamos conseguir. No entanto, só iremos saber se algo vai dar certo se tentarmos até esgotar as forças.

Uma coisa é certa, se na vida tropeçarmos em alguma pedra, devemos fazer dela um degrau pra subir em direção aos nossos sonhos. Podemos, muitas vezes, ficar nos perguntando se somos capazes de fazer algo que sonhamos e, sendo assim, ficamos pensando como seria se estivéssemos pelo menos tentado. Uma pergunta ecoaria na nossa consciência: será que eu teria chegado ao meu objetivo?

Ao invés de ficamos nos questionando, devemos tentar mesmo com medo do fracasso, porquanto só assim vamos descobrir o que nos espera ao final da aventura. O medo de não obter êxito pode nos levar a viver em fracasso constante.

As maiores descobertas e invenções do mundo foram possíveis porque determinadas pessoas não tiveram medo de errar, senão usar toda a coragem para buscar o acerto. Essas pessoas não deixaram o medo e a frustração decorrentes dos insucessos tomarem conta de suas mentes. Pelo contrário, elas se empenharam em descobrir onde estava o erro a fim de encontrar a solução.

Agora, eu te pergunto: pensa que elas não sentiram medo de serem ridicularizadas ou até mesmo taxadas de fracassadas ou loucas? Saiba que elas não se deixaram ser dominadas pelos males do medo, porquanto enfrentaram as adversidades e seguiram em frente, pelo que alcançaram o resultado esperado. Devemos fazer o mesmo porque só assim vamos fazer algo relevante em nossas vidas.

Vamos parar de usar o medo como um mecanismo de comiseração e vamos pedir ajuda a Deus pra ir em frente sem olhar para trás. Assim como na Bíblia Sagrada observamos que Ele ajudou e encorajou o seu povo a enfrentar e vencer as lutas no passado, Ele continua a fazer conosco também, nos dando animo, caminhando junto e até nos colocando nos seus braços quando necessário, até que venhamos a concluir a jornada e cheguemos a alcançar a vitória.

Não permita que seus medos te dominem. Antes, você os domine e não deixe que eles te paralisem. Siga em frente em nome de Jesus!

Como dar sentido aos medos da vida?

Fábio A. Leite Medeiros / Fabíola A. Leite Medeiros

Ao tentarmos escrever sobre os medos da vida, deparamo-nos com a necessidade de expressar o que trazemos em nossos íntimos desde os primeiros instantes da nossa existência, ou desde os momentos em que nos percebemos humanos, com a consciência de que somos mortais. Sabemos que diante da dádiva da vida, sentimos que o tempo é efêmero e, sendo assim, passamos a ter medos dos mistérios que envolvem o viver e o morrer. Acreditamos que esse é o nosso grande medo, não existirmos mais. O medo de desaparecermos do mundo. Esse medo gera sofrimentos quando nos aprisiona no caos existencial. Resta-nos, portanto, algumas reflexões: como enfrentarmos medos constantes no insustentável caminho da vida? Como dar sentido aos medos da vida?

Convido a todos a passear pelo mundo dos medos, pois a partir dessa incrível realidade, passamos a entender que o medo nada mais é do que uma energia que nos move a enfrentar realidades ainda não existentes. Num sentido positivo em relação ao enfrentamento a este sentimento que parece tão negativo e avassalador, poderíamos gracejar um pouco sobre os temores, para que a partir desse ponto de partida possamos entender o porquê de nos preocupamos com tantas coisas desnecessárias.

De acordo com o dicionário da língua portuguesa, o medo é referendado pela Psicologia como um estado afetivo suscitado pela consciência do perigo ou que, ao contrário, suscita essa consciência de sentir-se ameaçado; temor, ansiedade irracional ou fundamentada; receio (OXFORD, 2022). Por sua vez, da perspectiva da ciência da Enfermagem, uma das profissões humanas que trabalha pelo cuidado com a vida e com o combate das doenças, o medo é definido como uma emoção negativa que envolve sentimentos de ameaça, perigo ou angústia, devido a causas conhecidas ou desconhecidas, acompanhado, muitas vezes, de luta psicológica ou de resposta de fuga (CIPE®, 2017).

Compreendendo o medo como um sentimento que envolve o ser humano desde o nascimento, convém refletirmos sobre os medos perante os ciclos da vida. Parece-nos que a cada década de vida nossos medos vão se modificando, embora alguns venham a permanecer durante a vida toda; outros, vão se superando e, também, existem aqueles que vão se arraigando. Porém, o que importa é tomarmos conta da vida para que os medos não dominem nosso sentimento maior que é o de amar viver. Assim, é preciso exercer a sabedoria de viver bem os dias que nos restam. Reconhecer nossas forças existenciais, aquelas que moram no nosso interior e que nos motivam a enfrentar todos os nossos problemas, sejam reais ou imaginários. Aquelas forças invisíveis e, ao mesmo tempo, infalíveis, que nos fazem diferentes dos demais seres vivos e que nos orientam em nossas escolhas em relação a como devemos viver.

Sobre este assunto, o autor Max Scheler (2008) afirma que a essência do homem o coloca numa posição peculiar que o referenda como ser vivo racional, pois é provido de uma aptidão de escolhas na vida, de um poder de tomar decisões responsáveis ou não, que lhe encaminhe para a vida ou para a morte, mas que referenda sua liberdade de escolha, dentro de uma essência afetiva, instintiva, que tem memórias que o impulsiona a vencer os medos. Acredita-se, pois, que o ser humano possui uma razão e um pensamento por ideias que o tiram das situações difíceis, sejam elas imaginárias ou reais.

Assim sendo, o ser humano evolui, porquanto descobre que dentro dele existe um espírito, uma essência diferenciada que o desprende do sentido existencial orgânico para a sua busca pela vida maior, liberta dos medos, num *ser-assim*, complexo, mais objetivo, na sua liberdade de viver com responsabilidade e sem sofrimentos. Em outras palavras, o ser humano evolui dentro da sua essência maior que envolve um ser orgânico (biológico), um ser social, um ser psicológico e um ser espiritual, como descrito no entender integral do que dizemos "humano".

Para refletir à luz do questionamento sobre como dar sentido aos medos da vida, precisamos reconhecer e tornar mais lúdico o descrever dos nossos medos que nos levam a um caminho positivo de enfrentamento, a começar pela nossa infância, quando nos dávamos conta de que nosso medo inicial era de ficarmos longe das pessoas que nos protegiam.

Quando éramos crianças bem pequenas, a proteção dada pelos genitores, principalmente pelas mães, ou pelas "mãos" que nos cuidavam, eram essas que mais nos deixavam protegidos e, ao mesmo tempo, ameaçados de os perdermos. Por isso, um dos medos maiores na primeira infância é o de não estar perto dos pais. Esse são alguns dos grandes sofrimentos dos filhos pequenos, pelo que são expressados na forma de perguntas como: mamãe? Quero a mamãe! Onde está a mamãe? A partir daí, vão surgindo "pequenos medos", os quais vão se tornando em medos maiores e até em traumas, dependendo da forma de socialização ou de exposição das questões psíquicas. Em seguida, a criança passa a ter medo de animais, sejam eles domésticos (cachorro, gato, pássaro, entre outros), silvestres (boi, onça, leão, cobra etc.) ou até de monstros, bruxas e outros seres míticos criados pela imaginação.

Desse modo, ao passarmos pela etapa de alfabetização na escola, os medos que vão aparecendo são: receber uma nota baixa, repetir o ano, não ter mais tempo para brincar, medo da professora mais exigente ou da própria escola. A criança, portanto, vai sendo informada sobre muitos perigos na sua existência, pelo que vai acumulando medos e, ao mesmo temo, vencendo-os. Felizes são as crianças que, ao brincar, conseguem evoluir nos seus enfrentamentos ao medo. Mas, para isso, é preciso um lar, um abrigo amoroso e diálogo aberto que os façam abrir os olhos para a vida, e não os aprisionem no medo da morte.

Quando a adolescência chega, o medo vai tomando formas diferenciadas. Os temores poderão estar em se descobrir como futuro jovem, para quem o medo maior é não ser aceito pela sociedade. O adolescente, no enfrentamento das suas crises, passa a ser alvo do seu próprio crivo interior, das suas verdades incertas e da sua forma de começar a ver um mundo diferenciado. Nesse processo evolutivo, o medo de não ser aceito pelo grupo amplia-se na imaginação. Nesse momento, seu envolvimento social com outros do mesmo grupo etário favorecerá na tomada de decisão e nas suas próprias escolhas. Nesse mundo juvenil, envolver-se com ideais que os motivem a enfrentar os medos e a construir uma identidade própria, segura, que será visível mais tarde e preponderante na velhice, é algo muito comum e relevante. Todo esse processo que dará sentido a sua vida, também precisará de afetividade e diálogo com pessoas mais maduras. Além disso, de interação social e de busca por interesses reais para que o mundo imaginário da infância seja reconstruído ainda com muita sensibilidade, porém com a objetividade de uma futura ideia de adulto.

Por seu turno, a "adultescência", diríamos assim, que corresponde à fase de ser adulto, é uma das etapas mais difíceis da vida no enfrentamento aos medos, uma vez que se respalda na busca pela estabilidade orgânica, social e psicológica. Nessa fase da vida a preocupação se baseia no medo de não ter emprego, no medo de não se realizar profissionalmente, no medo de não ter ninguém para se relacionar amorosamente, no medo de envelhecer, no medo de perder os pais, no medo de ser pai ou mãe, no medo de não ter onde morar, no medo de enfrentar dificuldades financeiras, entre outros que vão surgindo. Esta discussão, contudo, expõe apenas alguns medos potenciais enfrentados nas principais fazes da vida, porém, sabemos que há vários outros medos no fundo do imaginário. Assim, ressaltamos que para buscar o sentido da vida na fase adulta, o ser humano precisará ainda mais daquela força interior, aquela garra que sempre buscada nos momentos mais difíceis. Mais do que nunca, necessitará de apoio durante o seu existir para entender e enfrentar os medos que surgem a cada dia.

Valores, aqui, se respaldam na busca para dar sentido a todo seu existir, pois dessa forma haverá sentido na vida e, em decorrência, os medos vão se diluindo durante a vivência. Sugere-se, portanto, a apreciação fruitiva da arte na vida, isto é, de literatura, música, dança, teatro, pintura, entre outras. Não se deve perder os encantamentos tão necessários para que diante dos sofrimentos diários da luta pela sobrevivência o caminho da vida não seja tão árduo. Restaurar o que melhor se vivenciou na infância e na adolescência. Já dizia o poeta Belchior: "viver é melhor que sonhar, mas sonhar é uma coisa boa". Ainda, a canção de *Os Titãs* enfatiza que "é preciso saber viver" diante da evolução da corrida pela vida. Compreender os ciclos vitais, compreender as necessidades de cada fase da vida nos impulsiona aos bons enfrentamentos dos medos. E encontrar sentidos na vida em cada fase faz com que possamos evoluir como seres humanos em prol de uma maturidade envolvida de sabedoria e de boas escolhas. Assim, nossos medos vão sendo superados e nossas angústias vão sendo adaptadas ao que não entendemos entre os mistérios da vida e da morte, mas que vão configurando o dia de HOJE, na tomada de consciência sobre viver o agora, sem tantos medos apavorantes que nos cristalizam, que nos tiram o maior poder que temos como humanos: a criatividade.

Enfim, chega a etapa do envelhecer humano, ou, melhor dizendo, do "envelheSer". Os medos que surgem muitas vezes relacionam-se com a exclusão social, a insuficiência familiar, a inseguridade social frente à vulnerabilidade do idoso, e o medo iminente da morte. Por considerarmos que o ser humano nessa etapa da vida está mais maduro, seria interessante pensarmos que nesse momento da vida poderia ter mais meios para enfrentar seus desafios. Porém, ainda é possível buscar nas boas memórias os frutos das superações dos medos enfrentados ao longo da vida e se perguntar: o que eu ainda tenho como motivação para viver? Essa reflexão é crucial para novas tomadas de decisões para que os medos sejam vencidos. Ainda existem combates a serem vencidos. Sempre há! O ser humano é assim, incansável e lutador. Embora um pouco cansado, já na idade mais avançada, mas sempre um grande lutador. Ainda há o que se refletir em relação à questão inicial que nos faz pensar: *como dar sentido aos medos da vida?* Diríamos, então, como conselho maior à luz do potencial humano da criatividade: buscar meios para sobreviver com os recursos viáveis e não apenas com os recursos imagináveis; ser simples e ao mesmo tempo complexo. Buscar sentido nos medos diz mais sobre não paralisar diante dos obstáculos ou dos desafios particulares que nos amedrontam. É não ter medo de jogar-se com responsabilidade no mundo interior. É ouvir a essência e construir uma consciência racional e ao mesmo tempo amorosa que desperte uma maneira positiva e altruísta de vencer os medos que criamos na sobrevivência perante os mistérios da vida e da morte. Buscar sentido nos medos é sobre exercer a atitude de sempre querer viver!

Referências

CIPE®. Classificação Internacional para Prática de Enfermagem. Org. Telma Ribeiro Garcia. Porto Alegre: Artmed, 2017.

OXFORD. Oxford Languages and Google. 2022. Disponível em: https://languages.oup.com/google-dictionary-pt. Acessado em 07/08/2022,

SCHELER, M. A situação do homem no cosmos. Lisboa: Edições Texto & Grafia, 2008.

Passemos para a outra margem

Heloisa Cristina da Silva Leandro

Naquele dia, sendo já tarde, disse-lhes Jesus: Passemos para a outra margem. E eles, despedindo a multidão, o levaram assim como estava, no barco; e outros barcos o seguiam. Ora, levantou-se grande temporal de vento, e as ondas se arremessavam contra o barco, de modo que o mesmo já estava a encher-se de água. E Jesus estava na popa, dormindo sobre o travesseiro; eles o despertaram e lhe disseram: Mestre, não te importa que pereçamos? E ele, despertando, repreendeu o vento e disse ao mar: Acalma-te, emudece! O vento se aquietou, e fez-se grande bonança. Então, lhes disse: Por que sois assim tímidos?! Como é que não tendes fé? E eles, possuídos de grande temor, diziam uns aos outros: Quem é este que até o vento e o mar lhe obedecem?

Marcos 4:35-41

Introdução

O evangelho de Marcos, no capítulo 4, inicia narrando que Jesus estava ensinando à beira mar e usando o próprio barco como "púlpito" enquanto uma numerosa multidão estava sentada na praia ouvindo quatro parábolas. Primeiramente, Jesus expôs a parábola do semeador (v.1-20); em seguida, a parábola da candeia (v.21-25); a parábola da semente (v.26-29) e, posteriormente, a parábola do grão de mostarda (v.30-32).

Após uma breve explicação sobre o motivo pelo qual o Mestre ensinava através de parábolas, a partir do verso 35 o texto continua informando que já era tarde, provavelmente estava anoitecendo. Então, Jesus se despediu da multidão e pediu para que os discípulos passassem para o outro lado da margem do lago, também conhecido como o Mar da Galileia. Assim, um barco saiu com Jesus e os discípulos enquanto que outros barcos o seguiram.

O texto relata que de repente um grande temporal de vento surgiu, pelo que as ondas começaram a ir de encontro ao barco de modo a enchê-lo de água, causando grande espanto e medo aos discípulos. Imagine o perigo de um barco pequeno em meio a uma grande tempestade.

Existem vários exemplos na Bíblia de pessoas que passaram por situações de medo, mas focarei apenas neste texto. Como havia mencionado na primeira edição do livro *Desacelere-se*, o próprio Jesus foi o maior exemplo de ser humano que passou pelos mais diversos tipos de adversidades. Ele mesmo enfatizou no evangelho de João 16:33: "estas coisas vos tenho dito para que tenhais paz em mim. No mundo, passais por aflições; mas tende bom ânimo; eu venci o mundo". Ele nunca prometeu que não passaríamos por lutas, mas Ele prometeu que estaria sempre ao nosso lado (Mt.28:20).

Jesus, sendo plenamente homem e plenamente Deus, o filho de Deus encarnado (Jo.1:1), passou por humilhações (Is.53:3-5), acusações (Jo.18:28-32), blasfêmias (Mt.12:22-32) e morte de cruz (Mt.27:45-56; Mc.15:33-41; Lc.23:44-49; Jo.19:28-30). Contudo, diante de todas provações sempre deu graças ao Pai, cumpriu as profecias, se entregou pela humanidade (Jo.3:16) como um cordeiro mudo que vai ao matadouro (Is.53:7) e ressuscitou ao terceiro dia (Mt.28; Mc.16; Lc.24; Jo.20). Existe amor maior? Não tenho como deixar de sublinhar isso: "mas Deus prova o seu amor para conosco, em que Cristo morreu por nós, sendo nós ainda pecadores" (Rm.5:8).

Jesus também experimentou na sua forma humana o que era sentir medo. O texto de Mt.26:37-38 mostra claramente os sentimentos de tristeza e angústia profundos, comparado à própria morte quando ele orava no Getsêmani antes de ser preso. Em circunstância semelhante, especialmente em Lc.22:44 se observa que o medo de Jesus foi tão grande que as gotas de suor caiam como gotas de sangue no chão.

O texto de Is.41:10 complementa esta ideia quando o próprio Senhor diz: "não temas, porque eu sou contigo; não te assombres, porque eu sou o teu Deus; eu te fortaleço, e te ajudo, e te sustento com a minha destra fiel". Ele também cuida de maneira excepcional, porquanto: "Ele não permitirá que os teus pés vacilem; não dormitará aquele que te guarda. É certo que não dormita, nem dorme o guarda de Israel. O SENHOR é quem te guarda; o SENHOR é a tua sombra à tua direita" (Sl.121:3-5). Ele não te desamparará jamais, visto que Ele mesmo disse: "ninguém te poderá resistir durante toda a tua vida; assim como estive com Moisés, estarei contigo: jamais te abandonarei, nem te desampararei!" (Js.1:5).

Então, meu(minha) caro(a) leitor(a), Jesus conhece muito bem os nossos medos.

Não podemos apagar da nossa história o papel do medo, mas podemos aprender a controlá-lo. Há quem diga que o medo tem um papel fundamental na vida do ser humano. Já parou para refletir se o medo não existisse? Seria um caos, pois esse sentimento muitas vezes nos impede de evitar situações perigosas ou atitudes precipitadas. Por outro lado, o medo tem assolado muitas pessoas a ponto de serem dependentes de remédios ou de numerosas consultas psiquiátricas por possuírem doenças psicossomáticas.

A Palavra de Deus diz em IJo.4:18 que "no amor não há medo, antes o perfeito amor lança fora o medo; porque o medo envolve castigo; e quem tem medo não está aperfeiçoado no amor". Com a graça de Deus podemos ultrapassar os medos atrelados ao Seu próprio amor e força, pois "Cristo em nós é a esperança da glória" (Cl.1:27). O desafio, portanto, é evitar os extremos e impedir que o medo nos aprisione.

Sendo assim, destaco cinco verdades à luz do texto base de Mc.4:35-41 que podem edificar as nossas vidas, a saber:

1. **Passar pela tempestade não implica estar em desobediência com Deus**

Observe no verso 35 que foi Jesus quem sugeriu atravessar o lago e passar para a outra margem. Os discípulos estavam em obediência a Deus e seguindo a Sua vontade, todavia passaram por uma grande tempestade. Consequentemente, passar por uma luta ou adversidade na vida não significa afirmar que determinada pessoa está em pecado ou em desobediência a Deus, mas que simplesmente todos nós estamos sujeitos a passar por temporais.

Sabemos que o apóstolo Paulo foi um homem de grande fé. Após sua experiência no caminho de Damasco (At.9) e ter passado por transformações espirituais e na vida moral a partir de sua conversão – pelo que mudou sua natureza de perseguidor da Igreja para o maior missionário já conhecido de todos os tempos –, observa-se que em At.27 Deus não o livrou de uma grande tempestade e de um naufrágio, porém naquele momento Paulo estava bem espiritualmente e em comunhão com Deus.

Quem não se lembra de Jó? O relato bíblico o descreve como "homem íntegro, reto, temente a Deus e que se desviava do mal" (Jó.1:1). Ele passou pelas maiores tempestades da vida quando perdeu todos os seus filhos, bens, sua saúde, mas estava em plena comunhão com Deus.

Assim sendo, voltando para o texto de Mc.4:40, os discípulos estavam fracos na fé e também passaram pela tempestade. Logo, as tempestades independem de possuir ou não fé, uma vez que fazem parte da vontade permissiva de Deus em nossas vidas no âmbito de Sua soberania.

2. As tempestades da vida são imprevisíveis

Sabemos que as tempestades não costumam avisar o dia, muito menos a hora que aparecerão. Quem diria que após tantos ensinamentos e momentos de comunhão reunidos com O Mestre Jesus, os discípulos seriam surpreendidos com tamanha adversidade? Isso nos mostra a necessidade de estarmos sempre revestidos na presença de Deus através de ferramentas espirituais, tais como: oração, meditação nas escrituras sagradas e jejum (Ef.6:10-20) a fim de estarmos firmes no dia mal (Mt.6:34).

Estar revestido do poder de Deus também inclui exercer uma vida devocional diária cuja eficácia está na alimentação do Pão da Vida (Jo.6:35). Assim como nos alimentamos e fortalecemos o nosso corpo diariamente com pelo menos três refeições, devemos dar a devida atenção à nossa alma.

De semelhante modo, não há como negar que estamos sujeitos a passar por dissabores e lutas, pelo que se não estivermos preparados para as batalhas e guerras da vida, poderemos ser sucumbidos pelo medo. Não por acaso, em 2Co.4:8-9 menciona que "em tudo somos atribulados, mas não angustiados; perplexos, mas não desanimados. Perseguidos, mas não desamparados; abatidos, mas não destruídos". Isso acontece quando a nossa fé está firmada na rocha que é Jesus Cristo.

Por conseguinte, é preciso lembrar que as tempestades não escolhem dia, hora, cor, raça, posição social etc., visto que elas simplesmente aparecem sem avisar, razão pela qual o desafio corresponde a como lidar com elas, isto é: como contorná-las? Como caminhar por sobre as águas (Mt.14:22-33) e passar para a "outra margem" (v.35)?

3. Podemos descansar em meio às tempestades

Quem nunca sentiu medo dos ventos impetuosos e sombrios da vida? Quem nunca se desesperou ou se sentiu no "olho do tufão"? Quem nunca sentiu o frio do medo estremecer os ossos e a alma gritar? Quem nunca se viu sufocado com as águas turvas do desespero em meio aos mais diversos tipos de adversidades?

Precisamos estar cientes de que não podemos evitar as tempestades da vida, entretanto, em Cristo Jesus podemos crer que o barco não naufragará. Não podemos impedir os ventos e as águas de assolar o nosso barco, mas podemos lembrar que Jesus, no verso 38, estava na popa do barco dormindo sobre o travesseiro, cuja atitude nos inspira a descansar durante as tempestades.

Abro um parêntesis para explicar que se Jesus estava na Terra em sua condição humana – sem deixar de ser divino –, após tantos ensinamentos estendidos durante o dia, seria normal o cansaço físico e, por conseguinte, a necessidade de dormir. Em Mt. 11:28-30 diz:

> Vinde a mim, todos os que estais *cansados e oprimidos*, e eu vos *aliviarei*. Tomai sobre vós o meu jugo, e aprendei de mim, que sou manso e humilde de coração; e encontrareis *descanso para as vossas almas*. Porque o meu jugo é suave e o meu fardo é leve.

Assim, é interessante observar que no mesmo verso 38 se mostra tanto o comportamento de Jesus ao descansar em meio a uma grande tempestade, como também o desespero dos discípulos em questioná-lo: "Mestre, não te importa que pereçamos?". Atrevo-me, portanto, a perguntar: em qual situação você está neste momento? Quantas vezes já indagamos esta frase a Deus por considerá-Lo alheio à nossa luta ou como aquele que não está se importando com a nossa dor? A Palavra de Deus diz em Is.59:1 e em Sl.40:1, respectivamente:

> Eis que a mão do SENHOR não está encolhida para que não possa salvar; nem agravado o seu ouvido para não poder ouvir (Is.59:1).

> Esperei com paciência no SENHOR, e ele se inclinou para mim, e ouviu o meu clamor (Sl.40:1).

Observemos, pois, que os mesmos discípulos que tinham acabado de ouvir os ensinamentos de Jesus, outrora já tinham testemunhado vários milagres através de Seu poder. Atrevo-me ainda a te convidar a refletir junto comigo: será que Jesus não sabia que todos passariam por uma grande tempestade? Será que Ele estava alheio àquela situação de grande temor? Amados, um dos atributos de Deus é a onisciência, ou seja, Ele sabe e é conhecedor de todas as coisas (Sl.139:1-7). Logo, se Jesus também possuía natureza divina e, sendo o Filho de Deus, com certeza sabia e tinha total controle daquela grande tempestade.

Não duvido que você que está folheando as páginas deste livro esteja passando por momentos de grandes temores e esteja se sentindo encurralado pelos maiores medos que já sentiu na vida, assim como esses discípulos se sentiram. Talvez, querido(a) leitor(a), você esteja se questionando se Deus não está vendo o que você está passando ou se Ele não se importa com o seu problema. Espero que este sermão fundamentado nas Sagradas Escrituras esteja renovando a sua fé e proporcionando uma nova perspectiva para enxergar as adversidades da vida.

4. Podemos contemplar o poder de Jesus sobre os fenômenos da natureza

A quarta verdade descrita à luz do texto base, especialmente no verso 39, nos faz reportar ao texto de Is.40:12-18 que retrata Deus como sendo o único Senhor criador dos Céus e da Terra. Aquele que tem o poder de medir com a concha de Sua mão as águas e a medida dos céus a palmos. Aquele que pesou os montes e os outeiros com balança de precisão e não precisou de conselheiro, cujas nações são consideradas como um nada ou como um pingo que cai de um balde, um grão de pó em uma balança. A quem podemos compará-lo?

Ainda podemos lembrar do registro segundo escreveu o apóstolo Paulo no texto de Rm.11:33-36, dizendo:

> Ó profundidade das riquezas, tanto da sabedoria, como da ciência de Deus! Quão insondáveis são os

> seus juízos, e quão inescrutáveis os seus caminhos! Por que quem compreendeu a mente do Senhor? ou quem foi seu conselheiro? Ou quem lhe deu primeiro a ele, para que lhe seja recompensado? Porque dele e por ele, e para ele, são todas as coisas; glória, pois, a ele eternamente. Amém.

Vamos entender melhor acerca dos atributos da onisciência e soberania de Deus? O livro de Jó 38 descreve muito bem acerca de tais atributos:

> Depois disto o SENHOR respondeu a Jó de um redemoinho, dizendo: quem é este que escurece o conselho com palavras sem conhecimento? Agora cinge os teus lombos, como homem; e perguntar-te-ei, e tu me ensinarás. Onde estavas tu, quando eu fundava a terra? Faze-mo saber, se tens inteligência. Quem lhe pôs as medidas, se é que o sabes? Ou quem estendeu sobre ela o cordel? Sobre que estão fundadas as suas bases, ou quem assentou a sua pedra de esquina, quando as estrelas da alva juntas alegremente cantavam, e todos os filhos de Deus jubilavam? Ou quem encerrou o mar com portas, quando este rompeu e saiu da madre; quando eu pus as nuvens por sua vestidura, e a escuridão por faixa? Quando eu lhe tracei limites, e lhe pus portas e ferrolhos. E disse: Até aqui virás, e não mais

adiante, e aqui se parará o orgulho das tuas ondas? Ou desde os teus dias deste ordem à madrugada, ou mostraste à alva o seu lugar; para que pegasse nas extremidades da terra, e os ímpios fossem sacudidos dela;
e se transformasse como o barro sob o selo, e se pusessem como vestidos; e dos ímpios se desvie a sua luz, e o braço altivo se quebrante; ou entraste tu até às origens do mar, ou passeaste no mais profundo do abismo? Ou descobriram-se-te as portas da morte, ou viste as portas da sombra da morte? Ou com o teu entendimento chegaste às larguras da terra? Faze-mo saber, se sabes tudo isto. Onde está o caminho onde mora a luz? E, quanto às trevas, onde está o seu lugar; para que as tragas aos seus limites, e para que saibas as veredas da sua casa? De certo tu o sabes, porque já então eras nascido, e por ser grande o número dos teus dias! Ou entraste tu até aos tesouros da neve, e viste os tesouros da saraiva, que eu retenho até ao tempo da angústia, até ao dia da peleja e da guerra? Onde está o caminho em que se reparte a luz, e se espalha o vento oriental sobre a terra? Quem abriu para a inundação um leito, e um caminho para os relâmpagos dos trovões, para chover sobre a terra, onde não há ninguém, e no deserto, em que não há

homem; para fartar a terra deserta e assolada, e para fazer crescer os renovos da erva? A chuva porventura tem pai? Ou quem gerou as gotas do orvalho? De que ventre procedeu o gelo? E quem gerou a geada do céu? Como debaixo de pedra as águas se endurecem, e a superfície do abismo se congela. Ou poderás tu ajuntar as delícias do Sete-estrelo ou soltar os cordéis do Órion? Ou produzir as constelações a seu tempo, e guiar a Ursa com seus filhos? Sabes tu as ordenanças dos céus, ou podes estabelecer o domínio deles sobre a terra? Ou podes levantar a tua voz até às nuvens, para que a abundância das águas te cubra? Ou mandarás aos raios para que saiam, e te digam: Eis-nos aqui? Quem pôs a sabedoria no íntimo, ou quem deu à mente o entendimento? Quem numerará as nuvens com sabedoria? Ou os odres dos céus, quem os esvaziará, quando se funde o pó numa massa, e se apegam os torrões uns aos outros? Porventura caçarás tu presa para a leoa, ou saciarás a fome dos filhos dos leões, quando se agacham nos covis, e estão à espreita nas covas? Quem prepara aos corvos o seu alimento, quando os seus filhotes gritam a Deus e andam vagueando, por não terem o que comer?

Retornando ao texto base, é preciso tomar consciência de que Deus é poderoso e soberano, Criador do céu, da terra e de todos os fenômenos da natureza, inclusive do vento e do mar (v.39) que Ele repreendeu durante aquela tempestade, emudecendo em obediência à sua palavra. Então, assim como *de repente* surgiu uma grande tempestade, *de repente* Jesus se levantou com uma palavra de autoridade e tudo se fez bonança, voltando à normalidade. Portanto, estamos todos sujeitos à soberania de Deus, dado que O autor da vida e de nossa história tem o controle de todos os temporais que nos assolam. Você está percebendo? O autor de sua história continuará escrevendo, apesar das tempestades e dos medos que porventura você esteja passando.

5. A fé move o sobrenatural

O verso 40 do texto base mostra a indignação de Jesus acerca da falta de fé dos discípulos: "por que sois assim tímidos? Como é que não tendes fé?". Uma vez que havia a presença de Jesus naquele barco, não haveria necessidade de desespero. Assim somos nós! Muitas vezes estamos em determinadas situações desesperados quando Jesus já está no barco. Quando Ele está em nossas vidas, podemos exercitar a fé. E o que é a fé? Em Hb.11:1, diz que "a fé é a certeza de coisas que se esperam, a convicção de fatos que se não veem". Por sua vez, em Mt.17:20 está descrito que "se tiverdes fé como um grão de mostarda, direis a este monte: passa daqui para acolá e ele passará. Nada vos será impossível". Saliento que o grão de mostarda constitui a menor semente e Jesus nos exorta a exercitar a nossa fé, por mais que seja pequena.

Em outras palavras, podemos até nos deparar com vendavais e ondas fortes em meio a uma grande tempestade, mas apesar das águas entrarem no barco, te convido a lembrar que Jesus está nele com a solução para o problema. Creia que Deus tanto pode nos salvar das tempestades, como em meio às tempestades. Não precisamos ver para crer. Apenas precisamos crer e esperar com fé! Ainda que levantemos os olhos e enxerguemos apenas as ondas e os ventos, precisamos apenas crer no poder de Deus, através de Jesus Cristo, e os medos se dissiparão. Ainda é preciso esclarecer que não estou fazendo apologia à anulação do papel dos Médicos, Psicólogos, Terapeutas etc., bem como de tratamentos psicossomáticos. Todavia, enfatizo que a fé pode auxiliar neste processo. Enfatizo que milagres não se explicam, apenas experimentamos o sobrenatural que muitas vezes até a ciência não explica, pelo que os discípulos mesmos reconheceram: “quem é este que até o vento e o mar lhe obedecem?” (v.41).

Conclusão

Após analisarmos o texto base de Marcos 4:35-41, deixo para você as seguintes reflexões:

- Você acredita que Jesus está no seu barco?
- Você pode enxergar em Jesus a calmaria para a tempestade que te assola?
- Você consegue reconhecer que Ele é a resposta para te libertar do medo?
- Você já O convidou para entrar na embarcação de sua vida?

Passemos para a outra margem...

Referências

SOCIEDADE BÍBLICA DO BRASIL. A Bíblia da Mulher: Leitura, Devocional e Estudo. 2ed. Barueri, SP: Sociedade Bíblica do Brasil, 2014.

____. Bíblia de Estudo Almeida: Revista e Atualizada. Barueri, SP: Sociedade Bíblica do Brasil, 2006.

Estou contigo

Jotta A

O medo é apenas uma palavra

Henrique Lima

O medo é apenas uma palavra dada para o sentimento proveniente de situações das quais nós não podemos controlar ou entender, mas isso não quer dizer que não podemos enfrentar essa palavra, essas situações, ou qualquer coisa que esteja nos colocando em um lugar de ausência de coragem.

Medo pode ser combatido pela coragem. Com a coragem de levantar e fazer o que tem que ser feito. É preciso parar de ser controlado pelos males do medo. Já parou para pensar o quão triste é deixar de fazer o que tem vontade por estar amedrontado?

O clichê parece não ser usual só por ser clichê, mas, nos cabe, neste momento, buscar seguir aquele ditado popular: "Está com medo? Vá com medo mesmo".

Medo, um gigante a ser vencido

Jóbson Silva

O medo, basicamente, pode ser definido como um sentimento ou estado emocional que surge em resposta à consciência perante uma situação de eventual perigo. A ideia pode ser exemplificada na figura de uma pessoa que, com a sua segurança ameaçada por algo ou alguém, desperta no seu cérebro, involuntariamente, uma série de compostos químicos que provocam as reações que caracterizam o medo.

O medo é, sem sombra de dúvidas, um dos sentimentos mais gigantes presentes na existência humana, com a capacidade de invadir e o potencial de reinar em nossas vidas. Mas, é importante frisar que o medo em si não é ruim, pois, de uma perspectiva positiva, ele gera em nós atitudes de prudência, moderação, reflexão e ações estratégicas de sobrevivência.

É, portanto, por causa do medo que, uma vez orientada, a criança não coloca o dedo na tomada. Por medo, nós também não pulamos de um lugar muito alto com receio de nos ferirmos, nos machucarmos e até morrermos. Por medo, administramos o nosso dinheiro com reponsabilidade para não nos endividarmos ou passarmos por dificuldades e crises financeiras.

Além disso, em um sentido mais profundo, o medo também contribui positivamente quando nos traz à memória quem de fato somos em nossas limitações, lembrando-nos de que não temos o controle de tudo como de maneira erronia e arrogante pensamos.

O grande problema relacionado ao medo se dá quando está associado a um processo de ansiedade demasiada, pelo que se torna um gigante em nossa alma, causando pânicos, fobias, sofrimentos antecipados e constantes que afetam profundamente a nossa estrutura humana, comprometendo a nossa visão da vida e nos fazendo pessoas extremamente pessimistas e paralisadas.

Infelizmente, o que prevalece na sociedade dos nossos dias são os medos neste sentido negativo, sem esquecer que os tempos pandêmicos que vivemos potencializaram essa triste realidade. Muitos ainda estão terrivelmente amedrontados por causa da covid-19 ou com medo de outras enfermidades. Com medo das más notícias que se avolumam e que inevitavelmente chegam de maneira constante e impiedosa, como medo daquela que é a adversária mais fria e implacável que temos: a morte.

Inúmeros são os medos que podem e têm nos afligido e afetado negativamente. A verdade, caro leitor, é que você, eu, todos nós, em alguma medida e em inúmeros momentos de nossas trajetórias, sentimos medo. Isto é um fato, o medo é um dos sentimentos mais democráticos da humanidade, mas na medida certa nos faz muito bem, porque nos conduz à prudência e ao cuidado. Por outro lado, em excesso, causa danos profundos e muitas vezes prejuízos irreparáveis. Assim sendo, podemos nos questionar:

- O que fazermos para desacelerarmos e controlarmos o ritmo em que o medo se avoluma em nosso ser?
- Como enfrentarmos e vencermos esse gigante que açoita demasiadamente nossas vidas?

Gostaria de deixar quatro recomendações que julgo ser importantes no sentido de enfrentarmos e vencermos o medo, quando este se levanta contra as nossas almas:

1. Devemos reconhecer quando necessitamos de ajuda e buscarmos auxílio psicológico, psiquiátrico e terapêutico, sempre certos de que esses são instrumentos da providência bondosa e cuidadosa de Deus para conosco.

2. Devemos inclinar os nossos corações e ter as nossas mentes cativas às Sagradas Escrituras, pois são elas que nos revelam o Deus que nos criou, formou, remiu, chamou e ao qual pertencemos (Isaías 43:10). Isso nos ensina que nós não somos frutos do acaso, um acidente de percurso, mas frutos de um projeto que se originou na eternidade, na mente do Deus que nos criou para que com Ele tenhamos comunhão por meio do seu Filho Unigênito Jesus Cristo e vivamos de modo que não sejamos açoitados pelo medo, mas sim, movidos por uma viva e verdadeira esperança de um futuro glorioso na presença do Senhor.

3. Devemos enfrentar e vencer o medo excessivo exercitando a confiança, cientes de que o Senhor Todo-Poderoso, que nos projetou e criou, está conosco, é o nosso Deus, nos sustenta, nos fortalece e nos ajuda em meio aos nossos maiores temores e assombramentos (Isaías 41:10). Confiemos que se passarmos pelas águas ou pelo fogo, se estivermos na cova dos leões ou na fornalha de fogo ardente, Ele estará conosco em toda e qualquer situação, e em todo tempo, manifestando o seu maravilhoso cuidado e nos conduzindo em vitória sobre os mais profundos medos.

4. O amor é a última e não menos importante recomendação que deixo como remédio eficaz para vencermos o medo em seus níveis mais terríveis, pois, como está escrito: "no amor não existe medo; antes, o perfeito amor lança fora o medo. Ora, o medo produz tormento; logo, aquele que teme não é aperfeiçoado no amor" (1João 4:18). Todos nós precisamos ter e exercitar a consciência a respeito do quanto fomos e somos amados por Deus e, uma vez

amados por Deus primeiro, correspondemos ao seu amor o amando acima de tudo e de todos e também amando ao próximo como a nós mesmos. Assim, verdadeiramente em amor, estaremos habilitados a enfrentar e vencer o gigante chamado medo.

Referência

SOCIEDADE BÍBLICA DO BRASIL. Bíblia Sagrada. Traduzida em português por João Ferreira de Almeida. Revista e Atualizada no Brasil. 2ª ed. Barueri-SP: Sociedade Bíblica do Brasil, 2008, 1664p.

O medo é inevitável

Leonilson Silva Soares

Neste pequeno texto, não quero solucionar os dilemas do medo, muito menos mostrar um caminho pronto para evitá-lo. Acredito que o medo é inevitável. Posso afirmar e reafirmar baseado nas minhas experiências. Porém, é preciso aprender a controlá-lo. Quero propor uma reflexão inicial sobre a temática:

- Será que já nos perguntamos quais os medos mais comuns da humanidade desde os primórdios do mundo?

Talvez você conheça ou esteja convivendo com alguns deles, os quais deixo para você, caro leitor, para que tente desvendá-los. Não será difícil de encontrá-los e gostaria que se perguntasse qual medo te atormenta agora, ou vem te atormentando a um bom tempo. Quero que passe a refletir para tratar esse medo a partir de uma perspectiva positiva.

Quero dizer, é necessário que se faça uma pergunta importante:

- Será que esse medo não é necessário para que você se torne um ser humano melhor e mais forte?

Por exemplo, muitos diante da morte iminente, desenvolvem uma fé nunca experimentada antes, ou um amor pela vida nunca sentido, ou seja, o medo da morte causa esse efeito tão sublime, inclusive, a pandemia trouxe essa grande lição.

Além disso, quero tratar de outros medos inevitáveis e corriqueiros do dia a dia que podemos ver a partir de uma perspectiva positiva. São tantos que vou exemplificar com alguns que podem até parecer ordinários, mas que fazem parte da realidade de muitos, a saber:

- O medo de uma reprovação no curso tão sonhado, faz com que a dedicação nos estudos seja ainda maior.
- O medo de perder um ente querido, ou de um termino de relacionamento, faz com que o amor pela pessoa seja mais valorizado e floresça com mais intensidade.

- O medo de uma doença nos lembra que é preciso buscar uma vida mais saudável, com boa alimentação, prática de esportes, vida espiritual e psicológica equilibrada etc.

Portanto, não quero aqui dizer que sentir medo seja algo prazeroso ou agradável, quero dizer que é inevitável e, muitas vezes, necessário. Diante desse sentimento temos duas escolhas: nos aperfeiçoamos ou nos afundamos nele. Essa escolha se baseia no entendimento de que o medo tem uma perspectiva positiva e outra negativa, porém, o modo de ver é escolha sua, meu nobre leitor.

Medo! Como não tê-lo?

Marlene Coelho

Não ter medo é algo impossível para nós, já que somos seres humanos pequenos e limitados. Sentir medo chega a ser algo normal na nossa vida e, sendo assim, não tenho uma receita pronta para nos impedir de senti-lo, mas posso afirmar a você que a solução está no Deus Criador dos céus e da terra, e de tudo que neles há. Ele tem todo o poder e está no controle da situação, visto que nada foge do seu domínio, muito menos acontece sem que Ele permita.

Não é vergonhoso sentir medo, pelo contrário, isso só nos mostra o quanto somos incapazes e o quanto precisamos e dependemos desse Deus. Grandes homens da bíblia, que serviram a Ele e ouviram sua voz, foram tomados pelo medo.

Elias, por exemplo, foi o grande profeta que enfrentou o rei Acabe e a rainha Jezabel. Foi corajoso, porém houve momentos em que vemos o profeta amedrontado, a ponto de se esconder em uma caverna e desejar a morte para si mesmo (I Re. 18-19).

Por sua vez, o Rei Josafá, quando soube que estava a ponto de ser atacado por tropas inimigas, encheu seu coração de profundo temor. Diante dessa realidade, ele orou a Deus e disse: Senhor Deus, em nós não há força perante esta grande multidão e não sabemos o que faremos. Porém, os nossos olhos estão em ti (II Cr. 20:12). É assim que devemos agir diante do medo, correndo para os pés do Senhor, clamando por ajuda, pois é dEle que vem o nosso socorro.

Então, ser acometido por este sentimento é normal, porém, o que não podemos é ser escravos do medo. Ele nos paralisa tanto que não conseguimos ver saída e, se não lutarmos, ele nos vence. Esses homens tiveram medo sim, mas eles ouviram a voz de Deus e isso os encorajou, razão pela qual eles reagiram, não porque eram fortes, mas porque entenderam que a força que precisavam vinha de Deus. É isso que temos que fazer quando o medo nos tomar, temos que recorrer ao altíssimo e saber que existe um Deus que pode nos fazer superar o medo. Quando buscamos o socorro dEle, paramos de maximizar os problemas.

Certa feita, o moço do profeta Eliseu teve medo porque viu que estavam cercados por exército inimigo, ficando tão apavorado que não conseguiu ver solução. Então, o profeta orou a Deus pedindo para que o Senhor abrisse os olhos do moço a fim de que enxergasse o que Eliseu estava vendo, isto é, o exército de carros e cavaleiros de fogo que cercava toda a casa para protegê-los. O profeta, portanto, disse: não temas porque mais fortes e números são os que estão conosco do que os que estão com eles (II Re. 6:15-17). É tremendo, não é? Quando estamos com medo paramos de ver a grandeza de Deus e o quanto Ele trabalha por nós. Você sabe quantos "não temas" têm na bíblia? 365. Isso mesmo. Deus sabe tanto das nossas limitações que colocou um NÃO TEMAS para cada dia do ano.

Outro exemplo memorável está descrito no episódio em que Deus disse para Josué, sucessor de Moisés, ser forte e corajoso, e que não tivesse medo nem se espantasse, porquanto Ele estaria do seu lado na hora da peleja (Js. 1:9).

Além disso, Jesus disse: no mundo tereis aflições, mas tenham bom ânimo porque eu venci o mundo (Jo. 16:33). Jesus promete, em sua palavra, estar conosco todos os dias até a consumação dos séculos (Mt. 28:20). Assim sendo, não será fácil, mas não estaremos sozinhos.

Estamos certos de que nós não temos o controle de nada e isso nos causa insegurança e medo. Sabemos que ter Deus ao nosso lado não significa que não iremos lidar com perturbações, mas quando confiamos nEle somos capacitados para vencermos todo e qualquer temor que nos aflija. O Senhor não nos livra de situações difíceis, mas Ele usa essas situações para nos fazer ver que Ele é Todo-Poderoso.

Deus tem um trabalhar diferente, não faz como nós pensamos ou esperamos, mas sempre faz de forma perfeita e extraordinária. Ele faz além daquilo que imaginamos e eu espero, de coração, poder ajudá-lo, fazendo saber que mesmo com medo você pode confiar em Deus, pois Ele pode fortalecê-lo para enfrentar, controlar e superar os seus medos. Finalizo com um trecho que diz: não temas, porque Eu sou contigo. Não te assombres porque Eu sou teu Deus (Is. 41:10).

Referência

Bíblia Sagrada. Traduzida em português por João Ferreira de Almeida. Revista e Atualizada no Brasil. 2ª ed. Barueri-SP: Sociedade Bíblica do Brasil, 2008, 1664p.

Imparável

Milena Martins

Por muito tempo fui refém do medo. Medo de não corresponder às expectativas dos outros, medo de fazer ou dizer algo errado, medo de viver.

Deixei que ele me consumisse e que me segurasse em limitações que não existiam de verdade, somente na minha cabeça. Sucumbi diante dos desejos de todo mundo, me vendo atriz em um palco onde eu era a atração principal, mas não como protagonista.

Cresci ouvindo que eu tinha que ser o exemplo de garota perfeita, que não podia reclamar de nada, que me comportar bem na frente dos outros era a melhor coisa a se fazer para uma moça decente. Mas, hoje eu sei que nunca foi verdade nada disso, pois eu sei que me perdi no meio do caminho e usei muitas máscaras ao longo da vida para mascarar minhas vontades e principalmente quem eu era.

Hoje sou grata, porquanto agradeço por cada puxão de orelha, cada repreensão e cada não que me foi dado, pois foram essas coisas que me moldaram e que me ajudaram a ser a pessoa que sou hoje.

Ainda tenho minhas pendências comigo mesma, não vou negar, sei que o processo de enfrentamento e cura do medo é doloroso e demorado, porém, cada passo dado por mim tem me levado mais perto do reencontro com minha criança interior.

Estou certa de que eu não vou parar, vou persistir e algum dia vencer de vez todos os obstáculos porque eu sei que sou maior que eles. Eu sou imparável.

Vivendo
Kell Smith

As amarras invisíveis

Natália Thaise

Medo, quantas vezes me impedisse de realizar algo pelo qual eu tanto ansiava? Tu és essa forte e contínua paralisia que nos persegue e atormenta. As amarras invisíveis que crias produzem frutos amargos e decepcionantes, trazendo frustrações para meu ser por cada momento em que abri mão de mim mesma por medo de julgamentos.

Mas, agora cansei. Cansei de ser controlada pelo receio, pela insegurança. Cansei de esquecer da existência de uma parte latente de meu íntimo que pede por coragem, que grita alto, pedindo sempre por liberdade.

Medo, já não te quero mais. Decido agora tomar as rédeas de minha vida, sem represálias, sem me conter, sem me esconder. Agora desejo viver da essência da vida, das pequenas alegrias, dos grandes momentos compartilhados, dos sorrisos trocados, do amor e do autocuidado.

E, quando voltares a bater em minha porta, te receberei, mas não por inteiro. Já não poderás fazer morada, pois não permitirei que me faça refém uma vez mais, prendendo-me em uma versão cinza de mim mesma. Agora aprendi que te encontrar no percurso da vida é comum, mas não posso subestimar minha capacidade de resiliência, não posso deixar de reconhecer o quão corajosa fui em todos os momentos que te superei.

De uma pessoa que esteve presa por muito tempo, que se cansou de abrir mão da vida pelo medo, é revigorante sentir a segurança de ser quem quero, sem justificativas, apenas escolhendo percorrer o caminho que mais me encante, com o frio na barriga por viver novos momentos, com a certeza de que trarão boas lembranças e não de arrependimentos pelo que nunca vivi.

Superando o medo

Paulo André Gomes

Quem nunca suou frio, sentiu gelar as mãos e/ou os pés, perdeu a voz, gaguejou, sentiu a respiração ofegante, o coração acelerado, o frio na barriga, chegou até a porta e depois recuou ao sentir medo? E por que sentimos medo? É possível viver sem tal sentimento?

Inicialmente, é possível dizer que o medo é algo inerente à condição de ser humano. Todo ser racional tem medo de algo, visto que o medo funciona, antes de tudo, como um instinto de sobrevivência. Um ser humano sem medo, facilmente pularia de uma ponte ou se jogaria na frente de um carro, dado que ele não vislumbraria o sentimento de perda, de fracasso e não pensaria nas consequências.

Além disso, faz-se necessário esclarecer que o medo é um sentimento que pode ser vivenciado em diferentes escalas e situações, em alguns casos com uma intensidade maior e, em outras, menor.

Temos os medos reais em que de fato há um perigo para nós, a exemplo do medo de saltar da cobertura de um prédio, visto que a consequência provavelmente seria a morte. Bem como os medos irracionais, que são a maioria dos medos que vivenciamos e que são os que mais nos limitam.

O grau de intensidade do medo se intensifica em situações em que nós temos que sair da zona de conforto, de encarar o desconhecido, bem como em situações de sentimento de perda de algo que agregamos algum valor, seja ele de cunho emocional, financeiro etc. Por exemplo, se alguém joga um smartphone de última geração para que eu o apanhe no ar, eu ficarei apreensivo em relação ao fato de que o objeto possa cair no chão. Em outra situação, se eu atiro um avião de papel para que uma pessoa o segure antes de atingir o chão, o sentimento de medo de que aquele objeto caia é menor, pois o seu valor é insignificante.

O medo nasce também da possibilidade do fracasso. Quantas vezes não deixamos de fazer algo por medo de fracassar? Às vezes, não nos damos conta de que o processo é mais importante do que o resultado, mas infelizmente somos acometidos pelo pensamento de falha e derrota.

Existem pessoas com medo de tudo, como também há pessoas com medo de poucas coisas, mas o medo se mostra uma constante na vida de qualquer indivíduo.

Isto posto, podemos perceber que é quase impossível viver sem medo, pois em diversos momentos da vida iremos ter medo de algo, mas o ponto-chave é: até onde eu deixo esse sentimento me limitar? Até quando minha vida ficará estacionada pelo medo de sair da zona de conforto e de encarar o desconhecido? É impossível vivenciar voos mais altos sem antes sair do ninho.

Então, como encarar o medo? O primeiro passo é não deixar o seu medo crescer, pois sabemos que o medo pode ser potencializado por nossos pensamentos. O medo é como uma planta, isto é, quanto mais você rega, mais cresce. Também é necessário ter coragem, e a coragem não é o oposto do medo. Um indivíduo pode ser corajoso e mesmo assim sentir medo de algo. Pode ter consciência de que tem medo e, mesmo assim, encarar esse sentimento. Não se deve deixar que os males do medo e a sensação de impotência façam com que estejamos presos em zonas de conforto.

Eu tenho medos, mas não me escondo. Já houve dias em que eu chorei até pegar no sono e depois acordei disposto a enfrentar tudo que fosse necessário para alcançar o que almejava, independentemente do resultado. Eu me entrego, às vezes, até sem pensar. Mergulho de cabeça. Geralmente, suspiro alto. Quando o medo se mostra intenso, eu fecho os olhos para me sentir melhor, para ver melhor com os olhos de dentro, com o meu coração. Além disso, eu o agarro com força e esqueço de soltar até que eu saiba que tenho controle sobre ele. Eu me permito vivenciar o medo, mas não deixo que ele me impeça de seguir.

Digo para você que, independentemente da intensidade do seu medo, nunca deixe de acreditar na sua capacidade de transformar o seu futuro. Nenhum medo deve ser forte o bastante para te desmotivar. Seja uma pessoa vitoriosa antes mesmo de chegar perto do sucesso, mesmo que o resultado seja diferente do que se esperava, pois você precisa ser generoso consigo mesmo.

Por fim, que possamos enxergar o medo como um termômetro que nos ajuda a medir os perigos a fim de encará-los com estratégia, e não como um limitador. É necessário ir em busca de nossas conquistas mesmo com o frio na barriga, mesmo com a possibilidade de fracasso, mesmo com a possibilidade da perda. Que possamos viver e suportar o processo, pois só há como vivenciar o novo enfrentando e aceitando todas essas possibilidades. Que a coragem seja sempre rotineira e que possamos lidar com as consequências das nossas escolhas. Eu aceito as consequências das minhas escolhas. E você?

Colecionador de medos

Rafael Barros de Sousa

Nas coleções da vida, não escolhi colecionar medos. No entanto, desde cedo aprendi a me virar sozinho, sustentar o choro e fingir ser forte. Nunca fui bom nisso, porém tive bons motivos para fingir não me importar com algumas coisas. Tudo que eu mais fazia, nessa época, era me importar e, confesso, não era pouco, mas sim, o bastante para me torturar, sentir-me amedrontado e me culpar por algumas situações. Eu não era culpado!

Vivenciei medos advindos dos outros, os quais ocasionaram em traumas difíceis de enfrentar. Entre eles, medo de mim mesmo. Mas, houve medos que de alguma maneira me ajudaram a exercitar a coragem. Esses foram os melhores. Mas, calma, não é para lamentar, visto que não se trata de autopiedade. É para aplaudir de pé, pois os meus temores me levaram a conquistar vitórias que parecem pequenas aos olhos de alguns, mas gigantes aos meus.

Pude comemorar as pequenas e grandes vitórias, a exemplo do curso de graduação, as amizades, cargos profissionais, relacionamentos amorosos, a família, além da coragem para falar em público. Ainda, posso dizer que consegui controlar os medos que antes me causavam barulhos ensurdecedores. Penso que estes agora andam lado a lado comigo e me servem como experiência de superação. Sempre penso que os medos e as consequências deles se tornaram matéria inspiradora e linha condutora para novos rumos da minha história.

Não quero dizer que precisamos sofrer para sermos melhores e fazermos história, pois não tenho o objetivo de romantizar os medos e outras mazelas da vida. No entanto, quando superamos os temores, nos tornamos melhores e cada vez mais capacitados a seguirmos em frente. Portanto, o que você precisa fazer para alcançar resultados semelhantes? Vivenciar os momento; se precisar chorar, chore; se precisar ficar sozinho, fique; mas, a partir do momento em que decidirmos sonhar, é preciso tomar a decisão de se levantar e realizar, porquanto é indispensável seguir em frente e dar o melhor de si.

Paradoxalmente, existe em nós o medo e a coragem. Não deixe que o medo te defina e te domine por completo. Seja forte e corajoso. Viva e não se furte de experiências de aprendizado para si e para os outros. Esteja certo de que o medo de hoje resultará em coragem amanhã. Se você acredita nisso, siga em frente. Seque essas lágrimas e catalise as forças do seu interior. Essas palavras que escrevo saem do meu coração e do mais íntimo da minha alma, porque se não for para ser assim, eu nem me atrevo a sair de casa e encarar os medos que me são impostos através da vida lá fora. Sou assim!

Encarando os olhares

Samara Jennifer

O medo é um dos maiores gigantes da alma. Ele define grande parte das nossas estratégias de vida. O medo em si não é negativo, podendo ser uma reação instintiva decorrente da evolução da nossa espécie e motivo da nossa sobrevivência. Ter medo não é exatamente ruim, pois há casos em que funciona como um alerta de segurança. O medo não pode ser capaz de nos destruir, mas é preciso analisar as diferentes situações em que ele surge para não permitirmos que nos domine.

Glossofobia é o medo de falar em público. Esse é um grande medo que não só me afeta, mas também afeta muitas pessoas ao redor do mundo. Muitas vezes somos ameaçados por qualquer preocupação ou situação que seja, pelo que nosso corpo responde a isso agitando nosso sistema nervoso, como uma preparação para o que está por vir.

Pensamentos negativos, portanto, afetam alguns oradores, pois eles esperam muito de si mesmos e encaram o seu público como inimigos prontos para tecerem críticas e apontar os defeitos. Na verdade, mesmo com olhares enigmáticos e amedrontadores, são apenas pessoas comuns esperando para receber informações sobre determinada temática. Porém, superar este medo e se tornar um grande orador é algo possível para qualquer pessoa. Entre outras dicas, é preciso controle a respiração para diminuir a frequência dos batimentos cardíacos e tentar diminuir a tensão muscular antes da apresentação em público.

Creio que é preciso deixar de pensar de modo negativo sobre a experiência de falar em público e tornar isso uma excelente oportunidade de crescimento. Além disso, é uma possibilidade para reavaliarmos o nosso ponto de vista sobre a apresentação oral. Não é preciso se prender a como as pessoas vão nos encarar diante delas, mas sim como vamos encarar cada uma delas. Se você pensarmos que são nossos amigos, ficará mais fácil convencer a nós mesmo sobre como pode ser um desafio prazeroso falar em público.

Certamente, é preciso destacar que a preparação é fundamental para o sucesso. Quanto maior for a nossa preparação, menos medo de falar em público nós teremos. Mesmo que algo dê errado, se estivermos bem preparados, vamos conseguir realizar uma comunicação em púbico com a autoconfiança necessária para controlar o medo e contornar qualquer situação.

Medo da perda

Tamires dos Santos Cândido

O medo é um sentimento que faz parte da nossa vida, sendo que existe um que nos perturba demasiadamente: o medo de perder alguém. Apesar de saber que um dia a vida acaba, nunca estamos preparados para perder alguém, ainda mais se for uma das pessoas que amamos, pois queremos que elas vivam eternamente. Fazemos inúmeros planos surpreendentes e, muitas vezes, não conseguimos nem realizar o plano ordinário que tínhamos para hoje.

O medo faz com que a gente acabe se afastando das pessoas que nos querem bem, principalmente após perdermos alguém especial. Curioso como a perda vem justamente num momento em que parece que compromete o que sonhamos e planejamos. Chegamos a acreditar que nada vem a se encaixar, muitas vezes só queremos nos isolar e chorar, pensando que isso vai nos confortar, quando na verdade isso não nos faz bem.

O medo acaba nos privando de querer seguir em frente e, por já não termos mais aquela pessoa querida ao nosso lado, nos bate o desânimo, aquela vontade de desistir, pois nada naquele momento faz sentido. Parece que todos os planos e desejos que tínhamos não existem mais pelo fato daquela pessoa não estar fisicamente entre nós para que possamos concretizar juntos.

Sabemos que o medo da perda existe e convivemos com ele dentro de nós. Infelizmente não temos controle sobre como as coisas irão acontecer em nossas vidas, mas sabemos que elas acontecem com a permissão de Deus e, certamente, isso nos conforta ao ponto de saber que ainda temos um longo caminho a trilhar, e que devemos fazer de tudo para poder realizar todos os sonhos que havíamos planejado.

No lo has visto aún

Danny Gokey / Lilly Goodman

Posfácio

Everton William de Lima Silva

O livro *Desacelere-se 2* é recomendado para pessoas preocupadas, inquietas e que sofreram algum estresse pós-traumático. Ao mesmo tempo, é para leitores que anseiam por se conectarem com a melhor versão de si mesmos, pois tal é a eficácia desta prática alternativa de leitura. Os textos trazem excelentes reflexões e promovem a promoção da melhoria da saúde emocional para os leitores desta obra poética admirável. A leitura promove ao leitor competente uma atividade cerebral involuntária que excita o sistema límbico. Essa estrutura do sistema nervoso é responsável pelas nossas emoções e, por isso, aquele que se deleitar com a leitura poderá ter bons sentimentos, mediante a fruição de um gênero textual inovador que certamente promoverá uma ação terapêutica.

A vida cotidiana anteriormente à pandemia seguia um fluxo de trabalho e ocupações de cunho subjetivo e social que estava relacionado ao ritmo da velocidade. Tudo que está programado no desenho da nossa vida é para ontem. Não temos tempo para que possamos perdê-lo devido a nossa necessidade de cumprir as metas de atividades laborais que somos requisitados e a isso se soma as expectativas e planejamento da urgência de ser produtivo no contexto de vida marcada pelo excesso de trabalho. Porém, imprevistos podem acontecer, mudando todo nosso planejamento. A pandemia da Covid-19 trouxe um freio nessa rotina pré-moldada da geração da internet e nos obrigou a desacelerar. O filme "Tempos Modernos", do ator e diretor Charles Chaplin, já retratava a necessidade laboral exagerada de produzirmos em um ritmo acelerado.

Nesse modelo organizacional do trabalho, executar atividades com qualidade e quantidade torna-se um pré-requisito dos colaboradores das escolas, professores, alunos e demais profissionais liberais das mais diversas áreas de formação acadêmica. O que não se programa, mediante este modelo de vida acelerada, são as doenças ocupacionais que geram um desarranjo no sistema imunológico dos indivíduos. Isso revela que a saúde mental tem sido negligenciada ao longo do desenvolvimento humano e, como toda patologia, quando não é tratada, pode desencadear em transtornos mentais que se iniciam de forma aguda e silenciosa para, posteriormente, chegar em um nível de cronicidade que afeta o indivíduo, podendo levá-lo até ao suicídio ou mesmo uma doença terminal.

Tratamento de doenças de ordem psicológicas como a ansiedade, síndrome do pânico ou transtorno depressivo maior necessitam de uma avaliação precisa e acompanhamento sistemático dos profissionais da psiquiatria, que podem prescrever tratamento farmacológico. A psicoterapia, por sua vez, pode oferecer conformo emocional e espiritual ao indivíduo que procura ajuda.

Sabemos que a Covid-19 elevou o número de mortalidade no Brasil e no mundo, deixando a comunidade médica estarrecida devido à letalidade do vírus no momento anterior às vacinas. Nesses tempos de fragilidade emocional, para além das vacinações que já foram disseminadas, precisamos restaurar a nossa saúde mental e, como prática alternativa, o hábito da leitura exerce um profundo impacto positivo como prática terapêutica na vida das pessoas. Acredito, pois, que desacelerar a mente usando este livro de bolso pode ser uma forma de trazer alívio para suas resistências de irritabilidade humana.

Uma vida mais lenta significa ter tempo para aproveitar suas manhãs em vez de correr para o trabalho freneticamente. Significa reservar um tempo para aproveitar o que você está fazendo, apreciar o ar livre, isto é, realmente se concentrar em quem você está conversando ou passando tempo em vez de estar sempre conectado a um celular ou outro dispositivo eletrônico. É estar livre de sempre pensar em tarefas de trabalho e e-mails. Significa realizar uma única tarefa em vez de alternar entre uma infinidade de tarefas e se conseguir se concentrar em nenhuma delas.

Desacelerar é uma escolha consciente e nem sempre será fácil, mas leva a uma maior apreciação da vida e a um maior nível de felicidade. Por este motivo, recomendo o livro *Desacelere-se 2* para que você possa, sempre que estiver se sentindo apressado, amedrontado, ocupado demais ou simplesmente sobrecarregado, experimentar a leitura das páginas da obra, que certamente irão ajudá-lo a desacelerar, se acalmar e se sentir mais satisfeito! Experimente e conheça o novo você!

Comunidade Autora

Apresentação
Leandro de Sousa Almeida
Rafael Barros de Sousa

Prefácio
Valéria Andrade

Poesias
Alison Clauber
Artur Alan Melo
Caio Maxsuel
Cloves Ferreira
Diana Oliveira
Fábio Rangel
Giovanna Leite
João Wagner dos S. Gonçalves
José Jonnat Barbosa Guimarães
Josivan Azevedo Batista
Leandro de Sousa Almeida
Lorielson da Mota Alves
Maria Aldilânia de Moura
Matheus Andrade/Rayanne Silva
Nelly Andrade

Reflexões
Anabel Ferreira de Souza
Carlos Eduardo Nascimento
Daiana Leite Rodrigues
Fábio Medeiros/Fabíola Medeiros
Heloisa Cristina da Silva Leandro
Henrique Lima
Jóbson Silva
Leonilson Silva Soares
Marlene Silvino Coelho
Milena Martins
Natália Thaise
Paulo André Gomes
Rafael Barros de Sousa
Samara Jennifer
Tamires dos Santos Cândido

Posfácio
Everton William de Lima Silva

Leandro de Sousa Almeida é Doutorando e Mestre pelo Programa de Pós-Graduação em Literatura e Interculturalidade da Universidade Estadual da Paraíba (UEPB). Especialista em Artes e Ludicidade pela Faculdade de Tecnologia e Ciências do Norte do Paraná (UNIFATECIE). Graduado em Licenciatura Interdisciplinar em Educação do Campo - Linguagens e Códigos pela Universidade Federal de Campina Grande (UFCG). Graduando em Licenciatura em Letras – Português na Universidade Federal do Pernambuco (UFPE). Colaboradora no Atelier de Computação e Cultura e no Laboratório de Práticas Pedagógicas em Educação do Campo – Linguagens e Códigos da UFCG. Colabora como Escritor em Coletâneas Literárias do Projeto Apparere da Editora PerSe. Entre as suas publicações mais recentes estão o romance *Munluzes – O Mistério da Salvadora* (Clube de Autores, 2021) e a coorganização da coletânea *Inês&Nós: Trinta e Uma Novas Histórias de Inês de Castro* (EDUEPB, 2022).

Rafael Barros de Sousa é Mestre pelo Programa de Pós-Graduação em Literatura e Interculturalidade da Universidade Estadual da Paraíba (UEPB). Especialista em Artes e Ludicidade pela Faculdade de Tecnologia e Ciências do Norte do Paraná (UNIFATECIE). Graduado em Licenciatura Interdisciplinar em Educação do Campo – Linguagens e Códigos pela Universidade Federal de Campina Grande (UFCG). Atua como Professor e Coordenador em escolas da Secretaria de Educação da Prefeitura Municipal de Sumé-PB. Colaboradora no Atelier de Computação e Cultura (CompCult) da UFCG. É membro do Núcleo de Pesquisa em Educação Camponesa e Resistência no Cariri Paraibano (NUCARIRI). Suas pesquisas acadêmicas correspondem às seguintes áreas: Educação do Campo e Interdisciplinaridade; Literatura e Estudos Interculturais; Práticas de Leitura e Escrita Criativas; Formação de Leitores; Estudos de Gênero. Também é coautor do livro *Fora da Caixa: aqui jaz um coração* (Clube de Autores, 2021).

leandro_almeida_15@hotmail.com

r.barros879@gmail.com

CLUBE DE AUTORES PUBLICAÇÕES
CNPJ: 16.779.786/0001-27
Rua Dona Francisca, 8300 Sala 202ª
Ágora Tech Park, Distrito Industrial,
CEP 89219-600, Joinville, Santa Catarina.
https://www.clubedeautores.com.br

ISBN: 978-65-00-54068-0
9 786500 540680

INFORMAÇÕES
Livro tamanho Pocket: 10,5 cm x 14,8 cm
Fontes: Garamond/Monotype Corsiva
Impresso em papel polen
Brochura sem orelha
Coloração do miolo preto e branco